L'HOMICIDE CONJUGAL AU FÉMININ

D'hier à aujourd'hui

De la même auteure

Ariane et son secret, roman jeunesse, Montréal, Remue-ménage, 2010

Chairs incarcérées, avec Claire Jenny, Montréal, Remue-ménage, 2009

Corps suspect, corps déviant, sous la direction de Sylvie Frigon, Montréal, Remue-ménage, 2012

Du corps des femmes : Contrôles, surveillances et résistances, sous la direction de Sylvie Frigon et Michèle Kérisit, Ottawa, Les Presses de l'Université d'Ottawa, 2000

Écorchées, roman, Montréal, Remue-ménage, 2006

Sylvie Frigon

L'HOMICIDE CONJUGAL AU FÉMININ

D'hier à aujourd'hui

les éditions du remue-ménage

Couverture : Tutti Frutti
Infographie : Claude Bergeron

Catalogage avant publication de la Bibliothèque nationale du Canada

Frigon, Sylvie, 1963-
L'homicide conjugal au féminin : d'hier à aujourd'hui
Comprend des réf. bibliogr.
ISBN 2-89091-211-6
1. Procès (Homicide) – Canada. 2. Maricide – Canada. 3. Meurtrières – Biographies. 4. Défense (Procédure pénale) – Canada. 5. Procès (Homicide) – Canada – Histoire. I. Titre.
KE226.M8F74 2003 345.71'02525 C2003-940643-1

Deuxième tirage, 2013

Dépôt légal : quatrième trimestre 2004
Bibliothèque et Archives Canada
Bibliothèque et Archives nationales du Québec

Les Éditions du remue-ménage
110, rue Sainte-Thérèse, bureau 501
Montréal (Québec) H2Y 1E6
Tél. : 514 876-0097/Téléc. : 514 876-7951
info@editions-rm.ca
www.editions-rm.ca

Distribution en librairie (Québec et Canada) : Diffusion Dimedia
Europe : La Librairie du Québec à Paris/DNM
Ailleurs à l'étranger: Exportlivre

Les Éditions du remue-ménage bénéficient du soutien de la Société de développement des entreprises culturelles du Québec (SODEC) pour leur programme d'édition et du soutien du Conseil des arts et des lettres du Québec. Nous remercions le Conseil des Arts du Canada de l'aide accordée à notre programme de publication. Nous reconnaissons l'aide financière du gouvernement du Canada par l'entremise du Fonds du livre du Canada pour nos activités d'édition.

Table des matières

Remerciements

Je tiens tout d'abord à exprimer ma gratitude aux femmes qui ont bien courageusement accepté de partager avec moi un moment pénible de leur vie. J'espère que je leur rends justice. Aux intervenants et intervenantes également, merci d'avoir su insuffler dans ma démarche un peu de votre sagesse, de votre passion, de vos inquiétudes aussi.

Plusieurs personnes m'ont permis de prendre contact avec les détenues. J'aimerais souligner le travail de Kim Pate, directrice de l'Association canadienne des Sociétés Elizabeth Fry, d'Aline White, conseillère spécialisée en milieu correctionnel à la Maison Tanguay de Montréal, de Mme Folsom, psychologue à la Prison des femmes de Kingston, à toutes les instances administratives des établissements correctionnels et communautaires du Canada (Prison des femmes de Kingston et Minimum House à Kingston, Maison Tanguay et Maison Thérèse-Casgrain à Montréal), de la Belgique (Mons) et de la France (Bapaumes, Fleury-Mérogis et Rennes). Mes remerciements vont aussi à Claude Faugeron et aux diverses personnes contactées au ministère de la Justice, à la Direction de l'administration pénitentiaire et plus particulièrement au Service de la communication, des études et des relations internationales, qui ont cru à mon projet et qui en ont facilité la réalisation. Merci aussi à Françoise Digneffe, Dan Kaminski, Christian Debuyst, Françoise Tulkens et Fabienne Brion, pour leur accueil lors de mes séjours en Belgique.

Le travail d'auxiliaire de recherche est trop souvent passé sous silence, et j'aimerais saisir l'occasion ici de saluer le précieux travail de Peggy Chrisovergis et Gabriela Pedicelli, Krista Armitage, Zoï Coucopoulos, Joane Grisé, Marie-Josée Frenette et Suzanne Bouclin à différentes étapes de la recherche.

Je dois remercier des personnes qui m'ont encouragée à tenter de comprendre les rouages du droit, soit Louise Viau de la Faculté de droit de l'Université de Montréal avec qui j'ai connu une très belle expérience d'écriture lors de la rédaction d'un article, Elizabeth Sheehy de la Faculté de Common Law de l'Université d'Ottawa, Monique Poulin de la Faculté de droit de l'Université Laval, Madame la juge Lynn Ratushny de la Cour de justice de l'Ontario, auteure de l'*Examen de la légitime défense* pour le ministère de la Justice en 1997.

Ma participation à des colloques internationaux en Afrique, en France, en Angleterre, en Argentine et à des colloques nationaux, notamment à Montréal, à Ottawa, à Toronto et à Trois-Rivières, m'a permis de présenter des résultats préliminaires et de bénéficier de commentaires de spécialistes dans des domaines aussi diversifiés que le droit, l'histoire, la psychologie, la criminologie, les études des femmes et les études cinématographiques.

Je tiens à remercier Silvia Chejter, de Buenos Aires, pour son inspiration, tant sur le plan social qu'intellectuel, lors de mes séjours en 1994 et de mon congé sabbatique en 2000, Carol Smart, professeure de sociologie du droit à l'Université Leeds, pour m'avoir accueillie comme jeune chercheure en 1990, et Allison Morris et Loraine Gelsthorpe de l'Université de Cambridge qui m'ont donné confiance au début des années 1990 afin de poursuivre des études doctorales. Je tiens aussi à remercier l'Université d'Ottawa et plus particulièrement la Faculté des sciences sociales, la Faculté des études supérieures et postdoctorales, et le cabinet du vice-recteur à l'enseignement et à la recherche pour leur soutien financier exceptionnel depuis mon embauche en 1993, ce qui m'a permis de réaliser les différents volets de ma recherche. Merci tout spécialement à la doyenne de la Faculté des sciences sociales, Caroline Andrew, et au vice-doyen à la recherche, André Cellard, pour leur appui constant.

J'aimerais exprimer ma gratitude à mes collègues et camarades, notamment Colette Parent et Chris Bruckert du Département de criminologie de l'Université d'Ottawa qui, par leur soutien moral et intellectuel, m'ont permis de renouveler mon énergie.

J'aimerais aussi souligner le travail exceptionnel des éditions du Remue-ménage et particulièrement de Rachel Bédard.

À ma famille, à mes parents, à Jean-Sylvain et à ma petite Camille adorable, je vous aime et vous remercie pour tout.

Quelques repères

Au Canada et au Québec, on accorde depuis 1990 un intérêt grandissant au sujet de l'homicide conjugal commis par des femmes invoquant la légitime défense, particulièrement celles qui tuent un conjoint violent. Plusieurs raisons expliquent ce phénomène, dont les plus importantes sont sans aucun doute les suivantes : 1) l'acquittement de Mme Lavallee en 1990, confirmé par la décision de la Cour suprême du Canada, qui repose sur l'admissibilité de la preuve d'expert sur le syndrome de la femme battue ; 2) les efforts de l'Association canadienne des Sociétés Elizabeth Fry, organisme œuvrant dans le domaine des droits des femmes justiciables, afin de faire valoir les acquis de cette décision pour d'autres femmes purgeant une peine pour un homicide commis dans un contexte de violence ; 3) les acquittements au Québec de Mme Côté en 1995 et de Mme Vaillancourt, en appel en 1999, et leur traitement médiatique ; 4) le rapport Ratushny sur la légitime défense en 1997, commandé par le ministère de la Justice du Canada ; 5) le foisonnement d'études sociojuridiques sur les femmes auteures d'homicide.

Au cours de la dernière décennie (1990-2000), le traitement des femmes justiciables a également été au cœur des préoccupations du milieu correctionnel, comme en témoignent différentes enquêtes dont *La création de choix* en 1990, sur les femmes incarcérées dans les prisons fédérales, qui a entraîné la fermeture de la Prison des femmes de Kingston et l'ouverture de nouveaux centres régionaux de détention[1], et la Commission d'enquête sur certains événements survenus à la Prison des femmes de Kingston présidée par la juge Arbour en 1996[2]. C'est dans ce contexte qu'a été publié l'*Examen de la légitime défense* par la juge Ratushny en 1997 (voir le chapitre 2). Ces trois rapports ont en commun de mettre en relief les liens entre les processus de criminalisation et de victimisation des femmes, liens que nous allons tenter d'élucider et de mieux comprendre dans des situations d'homicide conjugal commis par des femmes.

Dans le *Larousse*, on définit *uxoricide* comme le meurtre de l'épouse par son mari, du latin *uxor, -oris*, « épouse » (1531). Certains préfèrent parler de *fémicide conjugal* pour ne pas masquer le fait que ce sont des femmes qui sont tuées. Par ailleurs, il est intéressant de constater qu'aucun terme spécifique, à notre connaissance, n'est utilisé pour désigner le meurtre de l'époux par sa femme. Pour notre part, nous parlerons ici de *maricide* ou d'*homicide conjugal féminin*.

L'uxoricide a souvent été présenté comme un « crime passionnel ». Toute une mythologie romantique a contribué à cette représentation, que se soit dans la littérature, les médias ou le cinéma. Cette mythologie se perpétue en droit. En effet, on y présente les hommes accusés du meurtre de leur conjointe comme ayant perdu la maîtrise d'eux-mêmes, ayant été « provoqués », ou en proie à leurs « passions ». Par exemple, la défense de provocation énoncée à l'article 232 du Code criminel canadien enchâsse juridiquement cette vision. Cette

---

1. Voir à ce sujet le numéro spécial de la revue *Criminologie* de l'automne 2002 intitulé « Femmes et enfermement au Canada : une décennie de réformes », sous la direction de Sylvie Frigon.
2. Voir à ce sujet Frigon (1999a).

position a cependant été réfutée par plusieurs auteurs (voir Boisvert 1996 et Côté 1996), qui estiment que la violence (mortelle et non mortelle) contre les femmes ne correspond pas à une perte de contrôle mais plutôt à une stratégie de contrôle.

Le maricide, de son côté, a été peu exploré. Mais il a toujours été puni plus sévèrement (crime de « petite trahison ») puisqu'il était souvent perçu comme le « crime du siècle », le geste d'une femme dépravée. Dans son adresse au jury, dans la cause de Tommasina Teolis en 1935 à Montréal, le juge déclare : « Nous sommes en présence d'un meurtre odieux, peut-être le plus brutal que nos annales judiciaires aient enregistré. » Dans la plaidoirie de la Couronne, dans la cause de Cordélia Viau en 1898 : « Il s'agit du crime le plus abominable qui soit relaté dans nos annales judiciaires... » Et dans l'adresse du juge au jury dans la cause de Marie Beaulne en 1929 : « C'est l'acte de trahison le plus complet qu'on puisse commettre... » Plus près de nous, rappelons les propos du juge Bienvenue en 1995 dans la cause de Mme Tracy Théberge, une femme de 35 ans condamnée pour le meurtre de son conjoint :

> L'on dit avec raison, et depuis toujours, que lorsque la femme, qui a toujours été à mes yeux l'être le plus noble de la création, [...] elle s'élève plus haut que l'homme [...]. Mais l'on dit aussi, et cela aussi je le crois, que lorsqu'elle décide de s'abaisser, la femme le fait hélas jusqu'à un niveau de bassesse que l'homme le plus vil ne saurait lui-même atteindre[3].

Ces propos font écho à ceux proférés cent ans auparavant par Lombroso et Ferrero, les pères fondateurs de la criminologie positiviste :

> [...] il est évident que de la demi-criminaloïde inoffensive qu'est la femme normale surgira une criminelle-née plus terrible que n'importe quel homme criminel [...].

3. *La Presse*, 9 décembre 1995.

> En outre, la criminelle-née est pour ainsi dire une exception à double titre, comme criminelle et comme femme [...]. Elle doit donc, comme double exception, être plus monstrueuse (Lombroso et Ferrero 1895 : 360-361).

Le maricide constituait donc une transgression du rôle de femme, d'épouse, de mère et une révolte intolérable face à l'autorité masculine. De plus, lorsque les accusées avaient subi la violence du conjoint, cette donnée n'avait que très peu d'importance lors des procès.

D'après l'ensemble des recherches, les homicides entre conjoints[4] seraient commis pour des raisons différentes selon le sexe. Selon ces recherches, un très grand nombre d'hommes tueraient leur conjointe comme une **stratégie d'appropriation**, la séparation ou la menace de séparation de la part de la femme augmentant le risque d'uxoricide. Tandis que chez les femmes, le geste meurtrier serait perçu la plupart du temps comme une **stratégie de protection** ou d'autopréservation, car elles se considèrent en situation de « légitime défense ». Cette phrase, qui revient souvent dans le discours des femmes[5], pourrait résumer une des principales raisons qui les poussent à tuer leur conjoint : « C'était ma vie ou la sienne. » Pour les hommes, ce serait plutôt : « Si je ne peux pas t'avoir, personne ne t'aura[6]. » En effet, selon la criminologue Raymonde Boisvert, cela pourrait se résumer en une proposition : « dans les homicides commis au sein d'une relation de couple, les hommes tuent parce qu'ils refusent que leur femme leur échappe alors que les femmes tuent pour échapper à leur conjoint » (1996 : 77).

---

4. Selon la définition suivante du *Juristat* : « Les homicides entre conjoints impliquent des personnes légalement mariées, des personnes séparées ou divorcées, et des personnes vivant en union libre y compris des conjoints de même sexe » (Centre canadien de la statistique juridique 2002).
5. Propos recueillis lors d'entrevues réalisées avec des femmes maricides condamnées au Canada, en France et en Belgique.
6. Voir le numéro thématique consacré à l'homicide conjugal dans la revue *Criminologie* de l'automne 1996 sous la direction de Sylvie Frigon.

Un coup d'œil sur les chiffres

Dans l'ensemble, les statistiques convergent : les femmes sont beaucoup plus à risque d'être tuées par leur conjoint que l'inverse. Au Canada, de 1961 à 1990, 2 129 femmes ont été tuées par leur conjoint tandis que 782 hommes l'ont été par leur conjointe (Silverman et Kennedy 1993 : 70). Aux États-Unis, 30 % des femmes victimes d'homicide ont été tuées par leur conjoint ou compagnon alors que 6 % des hommes victimes d'homicide ont été tués par leur conjointe ou compagne (Boisvert 1991 : 192).

Selon une étude canadienne menée par Wilson, Daly et Wright (1993), les femmes risquent neuf fois plus souvent d'être tuées par leur mari que par un étranger. Toujours selon ces mêmes auteurs, le risque pour les femmes est beaucoup plus élevé à la suite d'une séparation. Parallèlement, une étude a révélé que, de 1974 à 1990, 417 femmes et 141 hommes ont été tués par leur partenaire en Ontario (Crawford et Gartner 1992 : 34). Enfin, les données du Centre canadien de la statistique juridique indiquent que 14 % des homicides conjugaux enregistrés de 1974 à 1986 ont été commis par des femmes (Côté 1991). Des statistiques plus récentes montrent qu'en Ontario, par exemple, le nombre d'hommes tués par leur conjointe a diminué tandis que le nombre de femmes tuées par leur conjoint a augmenté (Crawford, Gartner et Dawson 1997). L'Ontario a également connu la plus forte augmentation du nombre d'homicides entre conjoints en 2001, soit 16 de plus qu'en 2000 (Dauvergne 2002 : 12).

Selon le *Juristat*, la moitié (51 %) des victimes de sexe féminin et 6 % des victimes de sexe masculin en 1999 ont été tuées par une personne avec laquelle elles avaient eu une relation intime, que ce soit dans le cadre du mariage ou non. Ces homicides étaient le plus souvent motivés par un désaccord, une querelle ou un incident provoquant une réaction de vengeance ou de jalousie, ou un acte de désespoir (57 % de tous les homicides).

Malgré une très légère hausse enregistrée en 1999, les homicides entre conjoints suivent une tendance à la baisse depuis les années 1970. En 1999, 71 personnes ont été tuées par un conjoint, soit une baisse par rapport à la moyenne de 91 victimes au cours des dix années précédentes et à la moyenne de 99 victimes pour la période de 1979 à 1988. Quatre victimes sur cinq étaient des femmes. En 1999, 38 femmes ont été tuées par leur conjoint actuel (de droit ou de fait), et 20, par leur ex-conjoint (séparé ou divorcé). Deux femmes ont été tuées par leur conjointe. Parmi les 10 hommes tués par une conjointe en 1999, 8 l'ont été par la conjointe avec qui ils vivaient et 2, par la conjointe dont ils étaient séparés. Un homme a été tué par son conjoint. Il faut noter que 6 affaires d'homicide entre conjoints sur 10 avaient été précédées d'actes de violence conjugale connus de la police.

S'il y a une baisse générale des taux d'homicide entre conjoints entre 1974 et 2000, leur nombre a augmenté en 2001 : on dénombre 86 personnes tuées par un conjoint – 18 victimes de plus qu'en 2000. Selon Dauvergne (2002), cette hausse est attribuable en grande partie à l'augmentation des homicides commis par des conjoints légalement mariés. Selon des sources policières, dans 53 % des cas d'homicides entre conjoints, il y avait des antécédents de violence conjugale et « ceci était plus fréquent lorsque la victime était de sexe masculin (87 % comparativement à 47 % pour les victimes de sexe féminin) » (Dauvergne 2002 : 13).

Ainsi, comme ces données portant sur diverses périodes l'indiquent, les femmes sont généralement beaucoup plus à risque d'être tuées par leur conjoint que l'inverse.

Un champ d'étude en évolution

Il est important de souligner que l'intérêt au sujet des femmes qui ont tué leur conjoint n'est pas nouveau, comme en témoigne la fascination populaire qu'a suscitée l'histoire de Marie-Josephte Corriveau en 1763 au Québec. Dès 1895, Lombroso et Ferrero soulignaient au passage que l'homicide conjugal féminin pouvait correspondre à une réaction contre les abus et l'humiliation vécus aux mains du conjoint. Durant les années 1930 et 1950, les études portant sur le lien entre la violence conjugale et les femmes homicidaires font leur apparition. L'étude la plus importante de cette période est celle de Wolfgang (1956). Dans son échantillon de 100 cas d'homicide conjugal, 41 % des femmes ont été tuées par leur conjoint, comparativement à 11 % des hommes tués par leur conjointe. Selon Wolfgang, les maris auraient « précipité » leur mort en étant violents à l'égard de leur conjointe, mais ces dernières n'ont pas été acquittées sur la base de la légitime défense.

Durant les années 1960, les études ont démontré que l'homicide conjugal était majoritairement le fait des hommes et elles ont mis en évidence les dimensions psychologiques et psychiatriques dans la compréhension de ce phénomène. Au cours des décennies suivantes, des études sociojuridiques et féministes mettront l'accent non seulement sur le caractère sexué du délit mais aussi sur le caractère sexué du droit pénal[7].

Les analyses de la fin des années 1980 et du début des années 1990 rompent en effet avec les études précédentes pour s'attarder sur la question de la légitime défense, de la défense axée sur le « syndrome de la femme battue » en insistant sur le point de vue des femmes[8]. Les études de Walker (1979, 1984), Gillepsie (1989), Jones (1994) et Frigon (1999b),

7. En fait, c'est le caractère sexué du droit pénal qui est en procès dans la décision *Lavallee* et qui est dénoncé, notamment, par la juge Bertha Wilson.
8. Un nombre considérable de commentaires juridiques, de discussions, d'études et d'essais en langue anglaise ont paru sur la question du « syndrome de la femme battue » et sur la décision *Lavallee*, tandis que très peu d'études ont paru en français.

pour ne nommer que celles-ci, se sont penchées sur les récits des femmes ayant commis l'homicide conjugal dans le but de mieux comprendre cette problématique. Une attention particulière devrait être accordée à cette période, puisqu'il y a ici une rupture épistémologique importante : les études précédentes adoptaient la « perspective des hommes » sur les défenses de provocation et de légitime défense, alors que ces recherches récentes s'attachent au caractère sexué du droit pénal dans ce domaine de même qu'à démontrer la légitimité de la perspective (ou des perspectives) des femmes (Poulin 2001).

Des changements juridiques ont été apportés dans différents pays, et la clémence et le pardon ont depuis peu été octroyés à des femmes dans certains États américains[9]. La clémence a ainsi été accordée à 26 femmes en Ohio en décembre 1990. Au Maryland, en février 1991, 8 femmes qui avaient tué leur partenaire violent ont été libérées (révision en bloc). L'admissibilité de la preuve d'expert sur le syndrome de la femme battue varie selon les différents États : les tribunaux du Missouri, de la Louisiane et de l'Oregon ont rejeté cette preuve alors que le Maine, l'État de New York, la Californie, l'Ohio, la Floride, la Géorgie, l'Illinois, le Kansas, le Kentucky et le New Jersey, notamment, acceptent, à divers degrés, cette preuve pour établir la légitime défense[10]. La Grande-Bretagne et l'Australie sont aussi parmi les pays qui ont admis cette preuve d'expert[11]. La situation canadienne fera l'objet de notre examen au chapitre 2.

Dans le but de réfléchir à la question de l'homicide conjugal féminin, nous explorons dans ce livre une série de questions qui ont alimenté notre démarche à la fois théorique et

---

9. Voir Sheila Noonan (1993), Donna Hale et Daniel Menneti (1995).
10. Hale et Menneti (1995), *supra* note 11, p. 211.
11. Voir Katherine O'Donovan (1991) pour la situation en Grande-Bretagne ; Elizabeth Sheehy, Julie Stubbs et Julia Tomlie (1992), Julia Tomlie et Julie Stubbs (1994) et Sheehy (2001) pour la situation en Australie.

empirique : Qui sont les femmes condamnées pour maricide ? Quel a été le traitement sociopénal de ces femmes ? Ont-elles eu un procès juste et équitable ? Quelles sont les raisons évoquées pour expliquer leur geste au cours des procès ? Quelle est la signification de leur geste pour ces femmes ?

Dans le premier chapitre, un survol historique basé sur l'analyse des dossiers de femmes condamnées à la peine de mort au Canada entre 1866 et 1954 pour avoir tué leur mari sera proposé. À la lumière d'un riche matériel d'archives, nous retracerons les temps forts des procès, le contexte et les valeurs de l'époque ayant servi à façonner les représentations de ces femmes maricides.

Dans le chapitre 2, nous examinerons les décisions légales canadiennes relativement aux femmes qui tuent leur conjoint et nous accorderons une attention particulière à la décision charnière de la Cour suprême du Canada concernant le cas *Lavallee* (1990) : Angélique Lyn Lavallee sera en effet acquittée de l'homicide de son mari grâce à l'admissibilité de la preuve d'expert sur le syndrome de la femme battue, une première au Canada. Nous tenterons de saisir les enjeux, les conséquences et les ramifications tant légales que sociales de cette décision à la lumière de décisions récentes, du rapport Ratushny (1997) et des suites données par le ministère de la Justice du Canada. Cela nous amènera à constater les limites inhérentes aux réformes centrées sur les axes juridiques et judiciaires.

Dans cette perspective, le troisième et dernier chapitre nous invite à écouter les récits de femmes maricides au Canada, en France et en Belgique ainsi que des avis de spécialistes travaillant à titre d'avocats, psychiatres ou psychologues. Ces entretiens nous permettront de mieux saisir la signification du geste, son traitement juridique et pénal, de même que les limites de la logique pénale.

Chapitre 1

Des procès et des femmes : le traitement sociopénal des femmes maricides au Canada, 1866-1954

Marie-Josephte Corriveau, veuve Dodier, déclare qu'elle a assassiné son mari Louis-Hélène Dodier pendant la nuit alors qu'il dormait dans son lit [...]. Elle ajoute que c'est vraiment dû en grande partie aux mauvais traitements de son mari si elle est coupable de ce crime.

Extrait de la plaidoirie cité dans
Collectif Clio (1992 : 136).

Le système pénal canadien réagissait très sévèrement dans les cas de femmes maricides[1]. En effet, sous la loi anglaise, les femmes qui tuaient leur conjoint risquaient d'être accusées de « petite trahison », laquelle pouvait mener à la peine de

1. Une version préliminaire et abrégée de ce chapitre est parue sous le titre « Les représentations socio-pénales des femmes "maricides" au Canada 1866-1954 » dans Christine Bard, Frédéric Chauvaud, Michelle Perrot, Jacques-Guy Petit (dir.), *Femmes et justice pénale, XIXe-XXe siècle*, Rennes, Les Presses universitaires de Rennes, 2002, p. 209-231.

mort. Entre 1351 et 1828, une femme accusée d'avoir tué son mari pouvait être inculpée de ce crime et non de meurtre prémédité, lequel crime entraînait jusqu'en 1790 l'exécution publique sur le bûcher (Gavigan 1989-1990). L'histoire de Mme Corriveau, en 1763 au Québec, illustre bien cette situation. Comme c'était la tradition au XVIIIe siècle, son corps fut mis en exposition et elle fut suspendue pendant un mois dans une cage à Lauzon. Cette histoire fait maintenant partie du folklore québécois et elle a inspiré des pièces de théâtre, des livres, des films et des ballades (Guilbault 1995). En revanche, le discours juridique et judiciaire excuse souvent des hommes qui ont commis des crimes de violence et même des homicides contre des femmes et, en l'occurrence, contre leur épouse (Côté 1996[2]).

La petite histoire du maricide au Canada présentée ici, c'est trois quarts de siècle :

> [...] de la vie quotidienne de la population vue à travers le prisme particulier des lois et de leur application. L'histoire du crime, c'est beaucoup plus que la simple narration d'un fait divers qui a pu passionner une époque. Elle constitue le miroir d'un passé vivant, l'image d'une période, d'une manière de voir et de penser (Bizier 1981 : 9).

Le dépouillement d'archives canadiennes, et plus particulièrement le répertoire des dossiers individuels conservés dans les archives du ministre de la Justice (RG 13) sur *Les condamnés/es à la peine de mort au Canada pour la période 1867-1976* (Gadoury et Lechasseur 1994), nous a permis d'analyser les dossiers de femmes ayant tué leur conjoint. Ces dossiers sont

2. À toutes les époques et dans plusieurs cultures, des hommes ont été excusés de meurtre ou de violence à l'égard des femmes à l'aide de la défense de provocation (voir Radford et Russell 1992 et Côté 1996 pour une analyse plus détaillée de cette défense). D'ailleurs, aujourd'hui comme hier, la défense de provocation a été et demeure « une des excuses privilégiées par les hommes ayant commis des crimes de violence contre les femmes » (Côté 1996 : 93).

Henri Julien, La Corriveau, « La cage », *Album*, Beauchemin, 1916.

une source très riche d'informations et renferment une panoplie de documents incluant transcriptions de procès, rapports médicaux, enquêtes du coroner, rapports de police, photos, articles de journaux, lettres, pétitions. Ces documents en disent long sur le déroulement des procès, mais aussi sur la perception de la nature et du rôle de la femme, de l'épouse et de la mère ainsi que sur la position des femmes dans le mariage et dans la société à l'époque. Ces perceptions sont celles de différents acteurs sociaux ou « définisseurs de normes » (Lévesque 1989) : agents du droit (policiers, avocats et juges), de la médecine (médecins et psychiatres), de la religion (prêtres, Église), de la famille (enfants, parents, sœurs et frères) et de la société (voisins, signataires de pétitions et journalistes).

Plusieurs questions nous guident pour exploiter ce corpus documentaire : Quel a été le déroulement des procès ? Comment les tribunaux deviennent-ils des scènes de théâtre ? Quels sont les discours des « définisseurs de normes » ? Quelles sont les images véhiculées sur ces femmes, ces épouses homicidaires ? Quels facteurs interviennent dans l'explication du passage à l'acte ? Y a-t-il présence de violence conjugale dans ces affaires avant le geste meurtrier ? Si oui, quel est son impact sur le prononcé de la sentence ou de la peine ? Quel est le rôle des pétitions dans le dénouement du procès ? Quelles raisons semblent justifier l'exécution et/ou la commutation de la peine ?

En procédant à ce dépouillement, nous espérons dégager les représentations sociales et pénales des femmes maricides au Canada de la fin du XIXe au milieu du XXe siècle. Pour ce faire, nous découpons notre exposé en quatre tableaux : le contexte sociopénal ; les procès à l'étude ; les récits autour du triangle conceptuel femme-épouse-mère ; les récits, faits durant les procès, sur la violence infligée à l'accusée par son mari. À la lumière de ces récits, nous espérons saisir le contexte social ainsi que les valeurs qui ont teinté les procès et le sort réservé à ces femmes.

Le contexte sociopénal de la fin du XIXe au milieu du XXe siècle

La fin du XIXe siècle et le premier quart du XXe siècle sont marqués par deux moments importants dans le développement industriel et entrecoupés par la Première Guerre mondiale. L'horizon canadien est aussi transformé par une augmentation significative de la population, l'urbanisation, l'organisation de la classe ouvrière, l'apparition de grandes associations nationales féminines et la redéfinition du rôle de l'Église, surtout protestante (Cellard et Pelletier 1998). Dans ce contexte, le Code criminel canadien est l'objet de profonds changements sous la pression de différents groupes d'acteurs sociaux. Comme le rappellent Cellard et Pelletier, le droit pénal est non seulement un outil fondamental dans la régulation sociale mais « une composante personnelle, intime de chaque société : imbriqué dans l'univers social d'une collectivité, il est en effet relié à tous les autres aspects : politiques, économiques, culturels, religieux, etc., qui distinguent cette société d'une autre » (*ibid.* : 261). Ainsi, le Code criminel en vient à exprimer les diverses réactions à l'évolution de la conjoncture économique, politique, culturelle, religieuse et sociale.

En 1869, dans la foulée du pacte confédératif, le Canada procède à l'uniformisation du droit criminel. Entre les années 1892 et 1927, le Code criminel canadien se durcit : « d'une part, l'horizon de l'incrimination est plus large, la liste des interdits s'allonge, et, bref, davantage d'individus risquent donc d'être étiquetés comme "criminels" ; d'autre part et en parallèle, les peines infligées aux "coupables" portent l'empreinte d'une plus grande sévérité » (*ibid.* : 267). Entre 1900 et 1921, le Canada connaît une croissance démographique intense. La population canadienne passe en effet de 5,3 millions d'habitants en 1901 à 8,8 millions d'habitants en 1921 (*ibid.* : 273). Le « déferlement migratoire » à cette époque amène avec lui la peur de l'« Étranger », de l'« Autre », vite perçu comme « dangereux[3] ».

Différents acteurs sociaux jouent un rôle central dans le dénouement des procès à l'étude. On note que diverses associations féminines de l'époque (National Council of Women of Canada, Woman's Christian Temperance Union, University Women's Club, Girls' Friendly Society in Canada, Women's Citizen League, Ontario Women's Citizens Association) interviennent sur la scène sociale. D'autres groupes se joignent à leurs voix en signant des pétitions. Pour mieux situer les raisons qui ont motivé les pétitionnaires à intervenir de façon marquée, soulignons que les années 1892-1927 sont des années de transition cruciale dans l'histoire canadienne, car le paysage urbain est caractérisé par un éventail de « nouveaux » problèmes sociaux comme la création de ghettos urbains dans lesquels s'entassent les nouveaux travailleurs immigrants.

> Comme en Angleterre et aux États-Unis, l'existence de cette misère urbaine, perçue comme étant malsaine pour l'ordre établi, a été en cette fin d'ère victorienne un terreau propice à l'émergence d'un désir de réformes sociales et à l'éclosion d'un mouvement de puritanisme moral destinés à régénérer la collectivité canadienne. Au rang des stratégies déployées dans ce travail de régénération du tissu socio-moral de la nation, l'appel à l'intervention de l'État pour qu'il amende le Code criminel a occupé une place importante (*ibid.* : 283).

Ainsi l'industrialisation, l'urbanisation et l'immigration, conjuguées à une remise en question, bien que timide, de la place accordée aux femmes dans la société, ont un impact notable sur les revendications féminines de l'époque et sur le traitement judiciaire des femmes maricides.

---

3. Comme le suggère le procès d'Angelina Napolitano dans notre corpus documentaire, sur lequel nous reviendrons au cours de notre analyse.

Les procès de femmes maricides au Canada, de 1866 à 1954

Notre recherche vise à reconstituer les procès à l'aide des dossiers d'archives et d'articles de journaux[4] qui les complètent. Les dossiers étudiés couvrent la période de 1866 à 1954. Pendant cette période, le châtiment ultime au Canada est la pendaison, mais la majorité des femmes voient leur sentence commuée (21 cas sur 28). La peine de mort sera abolie en 1976, mais la dernière exécution pour maricide remonte à 1940. Dépouiller ces archives donne l'impression de regarder par le trou de la serrure, à l'insu des principaux protagonistes.

Le but recherché en étudiant ces archives est d'élucider comment le meurtre a été reconstitué et comment les femmes accusées sont représentées dans ce processus. Évidemment, la reconstitution de ces procès, de ces vies n'est pas confinée aux cours de justice ; bien d'autres documents comme les journaux, les documents de la prison, les pétitions et diverses lettres contribuent à tracer le portrait de la femme maricide.

Des quelque 1 500 condamnés répertoriés dans le fonds d'archives consulté, on compte 58 femmes, dont 11 sont exécutées. Vingt-huit sont condamnées pour avoir tué leur mari et 7 sont exécutées : Phoebe Campbell en 1871 à London, Elizabeth Workman en 1873 à Sarnia, Cordélia Viau en 1899 à Sainte-Scholastique, Marie Beaulne en 1929 à Hull, Elizabeth Tilford en 1935 à Woodstock, Tommasina Teolis en 1935 à

---

4. Deux étudiantes du Département de criminologie de l'Université d'Ottawa ont également procédé au dépouillement de ces archives sur les femmes maricides : pour le Québec, Joane Bernier (1995), sous la direction du professeur André Cellard, et, pour l'Ontario, Joane Grisé (2000), sous notre direction. Nous tenons à remercier Peggy Chrisovergis et Gabriela Pedicelli, assistantes de recherche, qui ont participé au dépouillement du fonds d'archives, et André Cellard, collègue au Département de criminologie de l'Université d'Ottawa, qui nous a fait bénéficier de son expertise historique.

Montréal, et Marie-Louise Cloutier en 1940 à Montréal. Les exécutions ont lieu en Ontario (3) et au Québec (4). Cinq des sept femmes exécutées avaient un amant présumé. Trois autres femmes (Sophie Boisclair en 1866 au Québec, Angèle Poulin en 1874 au Nouveau-Brunswick et Angelina Napolitano en 1911 en Ontario) sont également condamnées à la peine de mort, mais leur sentence est commuée en raison de leur grossesse. La plupart des autres sentences sont commuées en sentences d'incarcération (15) et certaines femmes sont finalement acquittées (6). Dans 13 des 28 cas (près de la moitié), la violence conjugale est explicite et documentée, mais n'a pas de pertinence *légale* auprès des juges.

Quelques données factuelles sur les femmes et leur procès permettront de mieux situer le déroulement des événements (un tableau synthèse des procès est présenté à l'annexe 1 et un synopsis des causes à l'annexe 2). Quatorze des 28 crimes ont été commis en Ontario (7) et au Québec (7), suivis par l'Alberta (4), le Nouveau-Brunswick (3) et la Saskatchewan (3), le Manitoba (2), la Colombie-Britannique (1) et la Nouvelle-Écosse (1). Sept maricides ont été commis entre 1866 et 1899, neuf entre 1900 et 1929, et douze entre 1930 et 1954. Trois femmes sont exécutées entre 1866 et 1899, une autre entre 1900 et 1929, et trois entre 1930 et 1954. L'âge des femmes varie entre 25 et 50 ans (l'âge de Campbell et de Workman est inconnu). L'arme à feu a été utilisée dans 10 des 28 cas et l'empoisonnement dans 8 cas, dont 5 au Québec[5].

5. L'analyse qui suit est restreinte aux dossiers répertoriés dans *Les condamnés/es à la peine de mort au Canada pour la période 1867-1976* (Gadoury et Lechasseur 1994). Voir aussi Frigon (1995) pour un travail préliminaire sur ces dossiers.

Les récits et les représentations de femmes maricides

Les procès à l'étude ici s'étendent sur plus de trois quarts de siècle et sont analysés selon une double trame : le triangle conceptuel femme-épouse-mère et l'importance accordée à la violence conjugale lors des procès. Ces deux trames sont explorées dans les transcriptions de procès, comprenant les discours des différents témoins et l'adresse du juge au jury, dans les articles de journaux et dans les lettres des pétitionnaires.

Les différents témoignages donnent l'impression d'assister à une pièce dramatique, à une véritable mise en scène. L'effet dramatique est atteint à l'aide de divers dispositifs rhétoriques[6]. Ces histoires sont en effet très souvent présentées à la façon de polars ou de mystères, comme l'illustre notamment le procès d'Evelyn Dick en Ontario en 1946, le célèbre « Torso Murder Case[7] ».

> Le 16 mars 1946, en banlieue d'Hamilton en Ontario, des enfants font la découverte du corps sans tête et sans membres de John Dick. Cette découverte déclenchera la plus bouleversante enquête criminelle que l'histoire canadienne ait connue.
>
> Il s'agit d'une histoire criminelle possédant tous les ingrédients nécessaires pour un polar : histoire de sexe sinistre, passion bouillante, suspense et meurtre macabre avec en vedette une véritable *femme fatale*, Mme Evelyn Dick – une très belle femme dont les mœurs sexuelles et le témoignage bizarre ont secoué la nation (Campbell 1974[8]).

---

6. Voir Farren (1987), sur le procès, en 1954-1955, de Ruth Ellis la dernière femme à être exécutée en Grande-Bretagne ; et Knelman (1998), pour une analyse plus générale.
7. La cause d'Evelyn Dick, RG 13, vol. 1661 (1.1, 1.2, 1.3, 2.1, 2.2), dossier CC618.
8. Nous avons traduit les extraits de publications en anglais.

Ces procès sont très souvent spectaculaires et les secousses qu'ils produisent se traduisent par un traitement médiatique souvent sans précédent, comme le montrent les extraits suivants. Par exemple, en 1871, *The London Free Press,* en Ontario, affirme que les preuves qui pèsent contre Mme Campbell « font de cette femme l'une des plus atroces criminelles de notre siècle » (8 août 1871[9]). Mais, fait plus grave, les adresses du juge au jury dans les causes, au Québec, de Marie Beaulne en 1929 et de Tommasina Teolis en 1934 sont troublantes parce qu'elles sont formulées par des hommes de loi dans une arène de justice :

> Nous avons à étudier ensemble l'histoire d'un crime, peut-être le plus atroce de ceux dont fassent mention nos annales judiciaires[10].

> Nous sommes en présence d'un meurtre odieux, peut-être le plus brutal que nos annales judiciaires aient enregistré[11].

Il est important de rappeler qu'à l'époque, la femme n'était pas une personne au sens légal du terme et que sa place dans la société, l'économie, la politique et la famille était celle d'une subordonnée. Ce statut varie toutefois au cours des années qui font l'objet de la présente étude (1866 à 1954) et selon la classe sociale et le groupe ethnique. Comme l'ont démontré certaines chercheures, les procès montrent que les femmes sont punies pour avoir transgressé leur rôle d'épouse et de mère. Ainsi, dans les causes de Mmes Poulin (1874[12]) et Smith (1946[13]), leurs crimes sont perçus comme une transgression de la « loi de Dieu et la loi de l'homme ».

---

9. La cause de Phoebe Campbell, RG 13, vol. 1409, dossier 47A.
10. La cause de Marie Beaulne, RG 13 C-1, vol. 280-281 (pt 1), vol. 1555, p. 1.
11. La cause de Tommasina Teolis, RG 13 C-1, vol. 1593, n° 348-349 (pt 1), p. 437-438.
12. La cause d'Angèle Poulin, RG 13, vol. 1411, dossier 83A.
13. La cause de Mary Smith, RG 13, vol. 1599 (1, 2, 3), dossier CC439.

L'infidélité est également considérée comme une double transgression, comme le confirment le procès de Cordélia Viau en 1897[14] et plus de dix autres procès.

Le dénouement du procès (acquittement, condamnation, exécution, commutation ou réduction de peine) semble tributaire, en partie du moins, du caractère moral de l'accusée en tant que femme, épouse et mère. En effet, il semble que les preuves « objectives » soient repoussées à l'arrière-plan pour laisser le caractère moral de la femme occuper l'avant-scène. Des thèmes spécifiques prédominent avant ou après le prononcé du verdict de culpabilité ou de la sentence. Dans cette perspective, nous examinons la place et la signification de la violence conjugale ainsi que la manière dont cette dimension est perçue tout au long du procès.

Ces thèmes déterminent les représentations des femmes maricides et leur traitement.

Récits autour du triangle femme-épouse-mère

Tout au long du dépouillement des archives, nous avons remarqué que certains facteurs contribuent à l'image véhiculée de la femme et semblent influer sur le dénouement du procès. Ils occupent également une place prédominante dans les pétitions.

La féminité en question

Lors de plusieurs procès, la féminité de l'accusée est remise en question. L'apparence physique de l'accusée occupe une place très importante dans les journaux de l'époque. L'exemple le plus frappant est le traitement du procès d'Evelyn Dick

14. La cause de Cordélia Viau, RG 13, vol. 1435 (1, 2, 3.1, 3.2), vol. 1436 (4, 5, 6, 7, 8, 9), vol. 1437 (10, 11, 12, 13, 14, 15), dossier 304A.

en 1946. Un journaliste du *Hamilton Spectator* décrit ainsi l'apparence de l'accusée :

> Des boucles noires brillantes sous son chapeau recouvert de paillettes ; un grain de beauté sur la joue droite ; le nez délicat, de grands yeux noirs. Sa robe : noire, sans manche, laisse voir peut-être un gain de poids ; [...] du rouge à lèvres et du vernis à ongles assortis.

Plusieurs autres descriptions du même genre se succèdent et, dans la revue *New World* de décembre 1946 (vendue 10 sous), un long article de six pages avec photos consacre Mme Dick comme « la femme fatale » meurtrière la plus sordide au Canada. Bien d'autres femmes maricides voient leur apparence prendre une place importante dans la couverture des procès. Déjà, lors d'un des premiers procès pour maricide en 1871, Phoebe Campbell est elle aussi scrutée à la loupe.

Le comportement de la femme est aussi mis en lumière lorsqu'il ne correspond pas toujours à un comportement considéré comme approprié, ainsi que l'attestent quelques commentaires sur Cordélia Viau, à propos de son indépendance, de son arrogance, de son désir des belles choses, de ses idées et de son caractère jugé volage[15]. Dans le couple, elle est vue comme étant insoumise et celle qui mène :

> Q. Qui paraissait commander des deux, le mari ou la femme ?
>
> R. C'était Madame Poirier[16].

Dans certains procès, les juges invitent les jurés, tous des hommes, à examiner les faits à la lumière de ce qu'un

---

15. Voir le film *Cordélia* produit en 1976 par l'Office national du film, avec Louise Portal dans le rôle titre, Gaston Lepage dans celui de Samuel, son amant présumé, et Claude Gauthier dans le rôle du curé. Film tiré du roman de Pauline Cadieux (1979), *La lampe dans la fenêtre*.
16. Interrogatoire de la Couronne dans la cause de Cordélia Viau, RG 13 C1, vol. 1436, n° 6, vol. 1, p. 299.

« homme raisonnable » ferait et à ne pas tenir compte qu'il s'agit de femmes. Par exemple, le juge Keiller dans le procès de Mary Cowan, en 1935, affirme : « Dans cette cause, une femme est accusée. Elle doit recevoir le même traitement que si nous avions affaire à un homme. La loi s'applique de façon égalitaire, qu'il s'agisse d'une femme ou d'un homme[17] » (p. 383). Le juge MacCarthy, à propos d'Irene May Christensen, en 1922 en Alberta, dit ceci : « Nous devons faire face à la situation courageusement [...] il ne devrait pas y avoir de sympathie en raison de son sexe et de sa santé fragile [...]. Nous devons faire face à la situation courageusement[18] » (p. 249-250).

Le juge Embury, concernant Catherine Tratch, en 1923 en Saskatchewan, dira que son crime est épouvantable étant donné qu'elle a empoisonné son mari à la table familiale devant ses enfants dans sa propre maison, ce qui en fait un crime des plus « méprisable » que le pays ait connu. Il dira aussi que, malgré son sexe, « nous sommes devant la responsabilité morale de ne pas craindre de faire notre devoir[19] » (p. 191).

De plus, on observe si la femme adopte ou non une attitude féminine appropriée pendant le procès. Son émotivité et sa sensibilité sont ainsi jugées. Si elle ne pleure pas ou pas suffisamment, elle est perçue comme étant coupable. Le cas de Mme McLean, en 1946 au Manitoba, en est un exemple, et les deux policiers appelés par la Couronne témoignent en ce sens. L'officier Nicholson raconte :

> [...] Elle pleura un peu [...] pleurant un peu [...] elle pleurait un peu parfois [...] elle n'a pas pleuré, il n'y avait pas

17. Adresse du juge au jury dans la cause de Mary Cowan, RG 13, vol. 1600 (1.1, 1.2, 2), dossier CC443.
18. Adresse du juge au jury dans la cause d'Irene May Christensen, RG 13, vol. 1524 (1, 2), dossier 704 A/CC197.
19. Adresse du juge au jury dans la cause de Catherine Tratch, RG 13, vol. 1528 (1, 2, 3, 4), dossier 722A/CC216.

> de pleurs hystériques [...] elle éclatait en sanglots, puis elle se recomposait presque tout de suite [...] selon mon expérience, une crise d'hystérie dure pendant une période assez importante... La personne hystérique ne fait pas de petite crise pour ensuite se redonner une contenance[20] (p. 174, 181, 239-240).

Mais si elle pleure trop, on affirme que cela est typique des femmes, de leur nature trop sensible, et que cela n'indique ni sa culpabilité ni son innocence. Le juge Russell, dans le procès de Mme Marablito, en 1917 en Nouvelle-Écosse, fait ce commentaire :

> Le fait est que cette femme pleurait, sans doute pleurerait-elle facilement, qu'elle soit coupable ou non ; je ne m'étonnerais pas de la retrouver en larmes, car il n'y a que les femmes de la fermeté de Lady Macbeth qui pourraient mettre à exécution un tel projet sans, à un moment ou à un autre, céder et laisser paraître des signes de la faiblesse d'une femme. Elle n'était pas Lady Macbeth, seulement un être humain ordinaire, et il n'est aucunement surprenant qu'on la retrouve en larmes après avoir réalisé l'énormité du crime commis[21].

Le caractère moral de la femme est aussi construit à partir de la dichotomie « bonne » ou « mauvaise ». Par exemple, Olive Sternaman (1896) et Elizabeth Tilford (1935) sont toutes les deux accusées d'avoir empoisonné leur mari avec de l'arsenic. Elles n'ont pas d'amant et auraient tué pour obtenir l'argent de la police d'assurance. On croit également qu'elles ont tué leur premier mari. Sternaman est dépeinte comme une femme bonne et très religieuse. Selon *The Globe* du 1er janvier 1898 : « L'explication est qu'elle est une femme simple,

---

20. Témoignage dans la cause d'Elizabeth Maud McLean, RG 13, vol. 1661 (1.1, 1.2), vol. 1662 (2), dossier CC619.
21. Adresse du juge au jury dans la cause de Carmello Sofie Marablito, RG 13, vol. 1487 (1, 2), dossier 595 A/CC61.

émotive, d'une profonde spiritualité et religieuse[22] [...]. » Un autre article de journal, du 22 décembre 1897, reprend également le thème de sa ferveur religieuse et de son instabilité émotive. Le *Toronto World* du 9 décembre 1897 rapporte sa réaction après le verdict de culpabilité : « elle s'est jetée par terre comme si son cœur aller se briser ». Elle est finalement acquittée.

Tilford, pour sa part, est représentée comme une « mauvaise » femme, une véritable sorcière. Dans une lettre de Margret Sim, du 6 décembre 1935, on peut lire : « qu'une femme dont l'esprit est aussi dérangé doive être empêchée par la force de nuire à nouveau, nous le croyons assurément, mais perpétuer la soif du sang ne nous fera que du tort[23] ». De plus, notons le titre du *Daily Mirror* du 8 décembre 1935 : « Épouse de glace condamnée à la potence ». Elle sera exécutée.

Dans d'autres cas, les « maux » associés à la féminité sont aussi rangés parmi les raisons expliquant le passage à l'acte. Ainsi dans les cas de Napolitano (1911), Shulman (1918) et Pogmore (1936), une preuve de déséquilibre mental est présentée en raison de leur grossesse. Shulman, en outre, fait une fausse-couche deux jours avant le meurtre et cela est perçu comme un élément déclencheur. La ménopause est avancée comme raison ayant poussé Tilford (1935) et Harrop (1940) à commettre le meurtre. Dans le cas de Tilford, une lettre envoyée par M. Fraser le 6 décembre 1936 au ministère de la Justice suggère une commutation de peine et se lit ainsi :

> [...] d'après son âge, indiqué dans la presse, elle doit avoir été récemment ménopausée, ou alors elle n'a pas encore dépassé cette période éprouvante [...]. Une femme peut

22. Dans la cause d'Olive Adèle Sternaman, RG 13, vol. 1431, dossier 286A.
23. Dans la cause d'Elizabeth Ann Tilford, RG 13, vol. 1598 (1.1, 1.2), vol. 1599 (2, 3.1, 3.2), dossier CC437.

> être totalement saine d'esprit, mais, en raison de sa faiblesse et de la perturbation de ses fonctions, être incapable de contrôler certaines tendances qui lui seraient entièrement étrangères dans des conditions normales.

Le coroner dans l'affaire *Harrop* témoigne aussi en ce sens :

> [...] il s'agit d'un cas très inhabituel et très triste d'une longue querelle entre mari et femme ; lorsque vous avez un cas pareil, vous avez un volcan domestique prêt à entrer en éruption à tout moment, et le résultat dépend de celle des deux parties qui a l'obsession mentale la plus intense et, dans son esprit à elle, c'était probablement l'idée qu'elle serait tuée par son mari. Les gens comme cela ont ce que les Français appellent « une idée fixe[24] » (p. 19).

Le déséquilibre mental sous forme d'hystérie est également présenté comme élément déclencheur lors des procès de Jackson (1920) et de Dranchuk (1934).

Le caractère sacré du mariage

À cette époque, les femmes doivent obéissance et fidélité à leur mari et celles qui dérogent à ce devoir sont ostracisées. Les femmes condamnées pour maricide sont aussi accusées symboliquement du crime d'adultère. Dix-huit des 28 femmes dans notre corpus ont des amants présumés. Le procès de Napolitano est éloquent à ce sujet car, bien que son mari ait eu des maîtresses, son infidélité à elle lui enlève toute crédibilité aux yeux du juge. L'« appétit sexuel » d'Angèle Poulin, en 1874 au Nouveau-Brunswick, lui est aussi reproché par le juge. Mais c'est au Québec que les femmes (Cordélia Viau, Marie Beaulne, Emily Sprague, Marie-Louise Cloutier et Tommasina Teolis) sont les plus cruellement affligées par cette étiquette, dans un contexte social où les croyances reli-

24. Témoignage dans la cause de Frances Harrop, RG 13, vol. 1625 (1, 2, 3), dossier CC514.

gieuses sont particulièrement influentes, et les écarts, peu tolérés (Bernier et Cellard 1996 : 38).

Les amants, pour leur part, sont perçus comme des marionnettes aux mains d'habiles manipulatrices. Certains, par exemple, auraient été vulnérables en raison de leur âge : Carmello Marablito, 43 ans, aurait eu un amant, Natali Neri, âgé de 22 ans, et Mary Cowan, 27 ans, un amant de 18 ans, Allan Cowan. Selon le juge, « Neri était la victime, en quelque sorte, de cette femme, qui a fini par posséder l'esprit et l'âme de ce jeune homme, jusqu'à ce qu'il ne soit presque plus un sujet libre ». Dans une lettre du procureur de la Couronne au ministre de la Justice au sujet d'Allan Cowan, on peut lire :

> Le garçon m'a paru depuis le début être un personnage soumis et facile à entraîner, et je ne suis pas surpris que Mary Cowan, 27 ans, débile, mais beaucoup plus audacieuse, satisfaisant de plus son appétit sexuel, ait eu une telle emprise sur lui[25].

L'infidélité de Lina Thibodeau, en 1954 au Nouveau-Brunswick, est cependant perçue avec indulgence et fait figure d'exception. Selon le juge, « elle a été dotée par la nature d'une belle apparence et, je suis porté à le croire, d'un désir sexuel que son mari ne pouvait pleinement satisfaire. Elle rencontra un loup qui prit avantage de sa faiblesse[26] » (p. 14).

De la sacralisation du rôle de mère[27]

À cette époque, le rôle des femmes est d'enfanter et d'élever des enfants. Certaines ne respectent pas cette « nature fémi-

25. Dans la cause de Mary Cowan, RG 13, vol. 1600 (1.1, 1.2, 2), dossier CC443.
26. Adresse du juge au jury dans la cause de Lina Thibodeau, RG 13, vol. 1741 (1.1, 1.2, 2.1, 2.2), dossier CC803.
27. Notons le travail de Bernier (1995) et Bernier et Cellard (1996) sur le sujet.

nine » et cela ressort lors des procès comme ceux d'Emily Sprague, de Marie-Louise Cloutier et de Cordélia Viau. Le juge déclare, au sujet de Mme Cloutier :

> [...] Qu'est-ce que pouvait bien faire une femme qui n'avait pas d'enfant et qui n'avait pas de tenue de maison ?
>
> [...] quand il n'y a pas d'enfant et une femme seule dans une maison peut être victime de bien des erreurs[28].

Par ailleurs, lorsqu'elles sont mères, les discours des pétitionnaires gravitent autour de l'importance de ce rôle dans leur demande de commutation de peine ou de libération anticipée. Deux axes semblent émerger autour du caractère sacré de la famille : le rôle de mère étant le plus noble qui soit, incarcérer une mère ou l'exécuter est un déshonneur ; et l'absence de la mère, si celle-ci est exécutée ou incarcérée pendant une période prolongée, est dommageable pour les enfants. Par exemple, Tilford, mère de neuf enfants, Jackson, mère de cinq enfants, Tratch mère de huit enfants, et Harrop, mère de quatre enfants, reçoivent des appuis en ce sens. De même, le procès de Coward suscite la sympathie et entraîne des critiques du système de justice. Le Coral Council of Women écrit au ministre de la Justice :

> Madame Coward a prouvé qu'elle était une mère affectueuse et méritante, comme en témoignent l'amour et la sollicitude montrés par [ses enfants] pour obtenir la libération de leur mère et leur engagement à l'accueillir dans leur foyer[29].

L'accusée elle-même plaide auprès du ministre de la Justice :

> Ma misérable vie est désirée par mes enfants, ils ont besoin de moi, surtout ma plus jeune fille de 15 ans.

---

28. Adresse du juge au jury dans la cause de Marie-Louise Cloutier, RG 13 CI, vol. 1617 VI, n° 387-388, vol. 4, p. 1266 et p. 1261.
29. Dans la cause d'Elizabeth Coward, RG 13, vol. 1485 (1.1, 1.2), vol. 1486 (2.1, 2.2), dossier 555A/CC56.

Mme Jackson reçoit également un appui invoquant le bien-être de ses enfants : « Par pitié pour ses cinq enfants qui doivent faire face à la vie avec un tel handicap[30] ». Les lettres écrites par les enfants sont aussi importantes dans la (re)construction du rôle de mère. La fille de Jackson, Béatrice, entreprend une véritable « croisade » afin de faire libérer sa mère : « J'ai passé bien des journées de tristesse et de solitude, le cœur lourd de chagrin, à attendre ma chère mère. Ma vie vaudrait la peine d'être vécue si seulement elle était libre de revenir à la maison pour moi. » Peu de pétitions sont envoyées pour appuyer Mme Dranchuk, mais une lettre de L. M. Clark, adressée au ministère de la Justice, met l'accent sur son rôle de mère :

> Je vous implore d'utiliser tous vos pouvoirs afin de faire gracier cette femme dans l'intérêt de ses chers enfants. Il me semble, comme pour d'autres mères, que c'est une chose terrible que de faire pendre un femme dans ce pays, surtout en ces temps difficiles ; après tout, nous devrions montrer un peu de miséricorde[31].

Napolitano, enceinte de sept mois et mère de quatre enfants, est sans doute celle qui recueille le plus de soutien à cet égard. Dans une lettre envoyée à Lord Earl Grey, un certain Frederick Scroggie affirme : « J'implore Votre Excellence de prendre en considération le fait que cette femme doit donner naissance à un enfant un mois avant sa pendaison. Je pense que c'est Coleridge qui a dit "Une mère reste toujours une mère, l'être vivant le plus sacré"[32]. » Dans une autre lettre adressée au ministère de la Justice, Anna Hurtubis invoque le

30. Pétition dans la cause de Sarah Jane (Sadie) Jackson, RG 13, vol. 1509 (1, 2), dossier 654A/CC147.
31. Pétition dans la cause de Dina Dranchuk, RG 13, vol. 1592 (1, 2), dossier CC418.
32. Pétition dans la cause d'Angelina Napolitano, RG 13, vol. 2698 (1, 2, 3, 4, 5), dossier 446A/CC22. Voir aussi *The Angelina Project* (2000), une pièce de théâtre de Frank Canino.

courage de Napolitano : « [...] remercions Dieu que cette petite dame ait eu le courage (celui d'une tigresse qui protège ses petits) de tuer le scélérat qui aurait dû être le premier à protéger son honneur, ses enfants et son foyer. » Une autre lettre, envoyée au ministère de la Justice par une dénommée Alexandra Allma, réclame la clémence « au nom de la maternité, fondement de toute civilisation, et au nom du foyer, rempart de la civilisation ».

Dans le cas de Tilford, une pétitionnaire va jusqu'à déclarer : « Une mère est l'être le plus sacré sur Terre. Souvenez-vous qu'une mère de neuf enfants a une bonne raison, peut-être même un devoir sacré de tuer une vile créature animale [...]. Peut-être a-t-il brutalisé des enfants, aussi bien qu'elle-même, ou même tenté de violer ses propres filles. » (Comtesse S. Fontaine 1935).

Ainsi, le dénouement du procès résulterait, en partie du moins, de l'appréciation du caractère moral de l'accusée en tant que femme, épouse et mère, et ces arguments sont plus décisifs, semble-t-il, que les preuves « objectives ». Les valeurs sociales occupent une place prépondérante dans ces procès de femmes qui ont transgressé à la fois l'ordre pénal (les lois) et l'ordre moral (le mariage et la famille[33]).

Les récits de violence conjugale : le caractère masculin du droit

Dans près de la moitié des dossiers, la violence conjugale est présente (13 sur 28) ; en excluant le Québec, la proportion grimpe à 20 sur 28. Même si elle ne semble pas jouer un rôle déterminant pour établir la culpabilité de l'accusée, on peut se demander si elle n'influe pas sur le prononcé de la

33. De plus, d'autres thèmes résiduels, notamment le racisme ou la peur de l'Autre dans les affaires *Tratch*, *Marablito* et *Napolitano*, sont à souligner. Nous allons y revenir au cours de notre analyse du procès de Napolitano dans la section suivante.

sentence. En effet, dans presque tous les cas, la peine de mort est commuée en incarcération pour une période prolongée. Cependant, dans la plupart des cas, même si la violence conjugale a été bien établie par les témoignages (accusée, médecins, policiers, enfants, sœurs et/ou voisins), elle reste secondaire, tandis que le rôle attendu de l'épouse et de la mère occupe l'avant-scène.

Le système pénal est sévère à l'égard des femmes qui se défendent dans des situations de violence domestique, puisque cette violence est tolérée et même acceptée par la société et le système de justice. La *règle du pouce* « autorisant un homme à battre sa femme avec un bâton "d'une épaisseur ne dépassant pas celle de son pouce" » en est un exemple. Comme le souligne la juge Wilson, dans l'arrêt *Lavallee*[34], la violence conjugale était acceptée dans le droit :

> Loin de les protéger, le droit a dans le passé sanctionné la violence contre les femmes à l'intérieur du mariage en tant qu'aspect du droit de propriété du mari sur sa conjointe et de son « droit » de la châtier (*R. c. Lavallee,* [1990] 1 R.C.S. 852 : 872).

Or, la violence conjugale est ignorée comme circonstance atténuante dans les procès pour maricide et celles qui résistent à l'ordre masculin sont punies très sévèrement afin de dissuader les autres femmes de faire la même chose, comme l'illustre bien le procès de Mme Corriveau, qui s'est déroulé un siècle avant nos dossiers[35].

---

34. Jugement important rendu par la Cour suprême du Canada en 1990, reconnaissant pour la première fois la portée légale du « syndrome de la femme battue » dans un cas de maricide. Pour une analyse de la question, voir le chapitre suivant.
35. Un téléthéâtre sur Marie-Josephte Corriveau a été présenté aux *Beaux Dimanches* à Radio-Canada le 15 janvier 1995 : la violence qu'elle a vécue y était explicitée. Le lieutenant-colonel Morris justifia la sentence exemplaire en expliquant : « L'exemple doit être assez fort pour prévenir les crimes pendant les prochaines années. S'il fallait que les épouses, mécontentes de leur sort, assassinent leur mari, il n'y aurait plus d'hommes dans la colonie [...] » (Lebel 1981 : 180).

Dans un certain nombre de cas, la défense apporte des preuves de violence conjugale[36] dans le but d'établir la défense de provocation et de réduire l'accusation à l'homicide involontaire. La légitime défense est aussi invoquée dans certains cas dans le but d'obtenir un acquittement. Par ailleurs, les définitions légales de ces deux défenses ne tiennent pas compte des expériences des femmes et n'ont que très peu d'effet sur les décisions finales.

La violence peut inclure la violence physique, la négligence, l'isolement, la cruauté, les menaces de mort et les agressions, comme en témoignent les procès de Workman (1873), de Napolitano (1911), de Christensen (1922), de Dranchuk (1934), de Harrop (1940) et de McLean (1946).

Dans le cas d'Elizabeth Workman, en 1873 en Ontario, la violence subie par l'« accusée » de la part de la « victime » est corroborée. Son fils et une voisine relatent tous deux des incidents de violence. Sarah Patterson, la voisine, raconte :

> Il buvait trop à l'occasion. Il maltraitait son enfant et sa femme lorsqu'il était dans cet état. Elle est venue se réfugier chez moi quatre ou cinq fois afin de se sauver de son mari lorsqu'il était ivre et d'éviter sa violence verbale[37] (p. 3).

Hugh Alexander Workman, âgé de neuf ans, raconte au sujet de son père :

> Il était fâché contre moi et ma mère lorsqu'il avait bu... Il la traitait de tous les noms. Mon père n'était pas bon avec ma mère (p. 13).

Mme Workman est reconnue coupable du meurtre de son mari et sa date d'exécution est fixée au 19 juin 1873. Le prononcé de la sentence provoque un tollé au sein de la

36. Nous utilisons le terme « violence conjugale », un concept contemporain, pour référer aux différentes formes de violence que subissent les femmes aux mains de leur conjoint.
37. Témoignage lors du procès d'Elizabeth Workman, RG 13, vol. 1410, dossier 64A.

communauté, laquelle réclame la commutation de la peine. Les pétitionnaires font référence au comportement violent et contrôlant de la « victime » à l'égard de l'« agresseure ». Étant donné la bonne réputation de l'accusée (travailleuse et bonne mère) et la cruauté de la victime, ils réclament la clémence.

> [...] Elizabeth Workman était une femme sérieuse et vaillante de bon caractère qui travaillait fort pour subvenir aux besoins de son enfant et de son mari, qui souvent lui retirait aussitôt l'argent qu'elle avait durement gagné ; son mari était un homme débauché et cruel qui la maltraitait souvent au point qu'elle devait se réfugier chez ses voisins, traitement qu'elle a enduré longtemps en silence jusqu'à ce que, vraisemblablement, sa patience épuisée, elle lui assène les coups mortels... (p. 1).

D'autres pétitions suivent, invoquant les mêmes arguments. Des pétitions sont signées par le conseil du comté de Lambton et par des résidents de St. Mary où le couple vivait antérieurement. Ces derniers croyaient qu'elle avait agi en état de légitime défense puisque M. Workman avait « souvent battu et menacé sa femme de mort » (p. 2). La pétition poursuit : « [...] un sentiment s'est répandu dans toutes les classes sociales de la communauté... selon lequel cette femme malheureuse... aurait connu une tentation beaucoup plus douloureuse que la plupart des êtres humains [...] » (p. 1). Dans une autre pétition de source inconnue, on peut lire :

> [...] feu James Workman était, depuis de nombreuses années, un mari et un père intempérant et tyrannique ; pour fuir sa violence, sa femme devait se réfugier chez ses voisins [...] et chez des habitants de St. Mary [...] il semble qu'il agissait déjà ainsi là-bas ; rentrant souvent chez lui en état d'ébriété, il tirait sa femme du lit et la forçait à lui donner son salaire de misère de lavandière pour le dépenser en alcool... il n'est guère surprenant qu'elle ait eu recours à un châtiment personnel afin d'arrêter cette violence [...].

Elizabeth Workman est pendue le 19 juin 1873.

Toujours en Ontario, près de quarante ans plus tard, Angelina Napolitano (1911) connaît un meilleur sort[38]. On mise sur la défense de provocation en arguant « qu'elle était l'objet de violence physique, que son mari la forçait à se prostituer afin de gagner de l'argent et qu'il la battait si elle ne ramenait pas d'argent. Elle dit qu'elle a tué son mari parce qu'il avait menacé de la tuer. Le matin du drame, il lui aurait dit qu'il la tuerait lorsqu'il se lèverait. Son passé de violence ne pouvait que l'inquiéter davantage ; en effet, lorsqu'elle avait voulu quitter son mari, celui-ci l'avait déjà poignardée et il avait reçu une sentence suspendue. Le juge dans cette affaire avait déclaré alors que le comportement adultère de Mme Napolitano avait constitué une "grande provocation". Il avait aussi hésité à envoyer un père de famille en prison, ce qui aurait pour résultat de propulser la famille au rang de charge publique. Le policier impliqué dans cette affaire avait déclaré que M. Napolitano avait coupé sa femme au visage, à la tête et au bras[39] ». Hospitalisée pendant trois semaines, elle porte toujours les traces de cette agression au moment de son procès. Mais le juge affirme que cette violence ne justifie ni n'excuse le meurtre, sinon cela entraînerait l'anarchie complète.

Dans son adresse au jury, le juge recommande de rejeter les défenses de provocation et de légitime défense, car il n'y avait pas de danger imminent puisque la victime dormait (ce qui concorde évidemment avec la doctrine légale). Il va jusqu'à expliquer au jury qu'il doit la reconnaître coupable :

> Non, il n'y a pas de preuve de provocation ; pas au moment des faits qui lui sont reprochés. Il m'incombe de vous dire que dans ces circonstances, il s'agit d'un meurtre, rien de moins qu'un meurtre, dans ces circonstances. Rien ne laisse

38. Voir Dubinsky et Iacovetta (1991) pour une analyse plus détaillée du procès de Napolitano.
39. La cause d'Angelina Napolitano, RG 13, vol. 2698 (1, 2, 3, 4, 5), dossier 446A/CC22.

> supposer qu'elle ne pensait pas mal agir en tuant son mari. Elle croyait qu'il dormait ; quand elle est montée, elle l'a trouvé endormi, et dans cet état de sommeil, et par conséquent sans défense, elle lui a infligé les blessures qui ont provoqué sa mort...Vous pouvez donc voir que cela ne l'excuse en rien (p. 36).

De plus, il indique qu'elle aurait pu partir et écarte la peur de représailles, « étant donné qu'elle était une personne libre et qu'elle avait toute la liberté voulue pour le quitter ».

Plusieurs raisons ont motivé les nombreux pétitionnaires à faire connaître leur sympathie envers cette mère de quatre enfants, enceinte de sept mois au moment du drame. Le procès de Napolitano se déroule au moment où le mouvement des femmes, au Canada et ailleurs, s'organise autour des luttes pour le suffrage féminin. Dans ce contexte, des groupes tels la Woman's Christian Temperance Union et le National Council of Women unissent leur voix à des groupes de l'Autriche, de la Hongrie, de la Pologne et de l'Angleterre. En Angleterre, la Women's Social and Political Union, organisation féministe fondée par Mme Pankhurst, joue un rôle très important dans la diffusion de la cause et des nombreuses pétitions. Selon le ministère de la Justice, 100 000 personnes ont signé une pétition concernant cette affaire. On voit ici un exemple éloquent du traitement discriminatoire que réserve aux femmes un système de justice masculin. L'histoire de Mme Napolitano sert également de miroir aux interrogations des féministes sur le mariage, la maternité, le rôle de mère et les iniquités du système de justice. Cette histoire confirme également leurs craintes relatives aux dangers de l'alcool et leurs préjugés quant à l'immoralité sexuelle des immigrants.

La scène du crime est Sault-Sainte-Marie, en 1911, un village récemment industrialisé dans le nord de l'Ontario. Trois mille Italiens vivent dans ce village et ont trouvé du travail à l'aciérie Algoma, à l'usine de papier du lac Supérieur et au chemin de fer.

Ironiquement, la peur de l'Étranger favorise la clémence et intervient à deux niveaux[40]. D'une part, Napolitano est perçue comme une femme qui se défend contre un « Italien à sang chaud prédisposé à la violence » ; son geste est celui d'une « pauvre jeune femme simple et étrangère, inférieure de par sa culture ». D'autre part, elle est considérée comme une véritable héroïne, car elle a voulu sauver son honneur en se soustrayant à la prostitution. Le meurtre se présente ainsi comme « la seule issue possible que cette femme ignorante et sans éducation connaissait ». Par ailleurs, son rôle de mère de quatre enfants et sa grossesse avancée sont les principaux arguments invoqués dans les demandes de commutation de peine.

Ce procès cristallise les relations entre genre, classe sociale, ethnicité, mais modifie l'éclairage ; le projecteur n'est plus braqué sur la violence masculine à l'égard des femmes mais sur celle de l'Étranger. Mme Napolitano est libérée en janvier 1913, après avoir passé douze ans en prison.

Dans les cas de Christensen (1922[41]) et de McLean (1946), les accusées semblent être en état de légitime défense, mais elles ne sont pas acquittées. L'Albertaine Irene May Christensen est condamnée pour le meurtre de son mari. Elle raconte qu'il avait fait feu le premier, mais l'avait manquée et qu'elle n'avait eu d'autre choix que de faire feu sur lui à son tour. Son avocat plaide la légitime défense et présente des témoignages sur la violence du mari. Une voisine, Marie H. Powers, raconte que deux semaines avant le meurtre, Irene s'était rendue chez elle, visiblement nerveuse, presque hystérique ; l'accusée avait des empreintes de doigts sur le visage et une rougeur anormale sur la gorge.

---

40. D'autres, par ailleurs, se serviront du racisme pour exiger l'exécution de l'accusée.
41. La cause d'Irene Christensen, RG 13, vol. 1524 (1, 2), dossier 704A, CC197.

> Elle était très agitée, vraisemblablement sous une sorte de pression [...] presque au bord d'une crise d'hystérie. Elle était bizarrement énervée et vraisemblablement elle avait l'esprit égaré ; [...] les nerfs à vif, d'une façon presque hystérique [...]. Elle avait des marques de doigts sur le visage [...]. Son cou était d'une rougeur peu naturelle [...] (p. 137-140).

Irene poursuit en décrivant ses années de mariage avec le défunt, des années ponctuées de violence extrême. Lorsqu'elle avait annoncé à son mari qu'elle allait le quitter, il l'avait battue de plus belle :

> Fred m'a encore battue, j'ai dit à Fred que j'allais le quitter, je ne pouvais plus le supporter — j'ai dit à Fred que je partais ; Fred avait toujours le revolver dans sa poche et il n'arrêtait pas de le braquer sur moi ; [...] j'ai dit à Fred que j'allais partir et Fred m'a dit que, si je ne vivais pas avec lui, je ne pourrais vivre avec personne d'autre ; [...] et j'avais décidé de quitter mon mari [...] alors le jour où j'avais décidé de partir, [...] Fred a défait toutes mes valises et m'a battue à nouveau parce que je lui avais dit que je partais [...] (p. 198-201).

La Couronne lui demande pourquoi elle n'est pas partie :

> Q. Vous aviez un peu d'argent dans vos poches, et vous êtes intelligente, pourquoi ne l'avez vous pas quitté ?
>
> R. Eh bien ! c'est vite dit [...] il n'y a que deux trains par semaine [...] ce n'est pas comme en ville [...]. Mon mari était là [...] et il a menacé de me tirer dessus si je partais [...].
>
> Q. Vous auriez pu facilement aller à la gare même s'il fallait y aller tête nue et pieds nus [...] (p. 221).

Pendant le contre-interrogatoire, les avocats de la Couronne tentent de démontrer qu'elle a agi par vengeance et qu'en fait son mari ne l'aimait pas et souhaitait qu'elle parte.

> Q. Il vous a tellement maltraitée, en vous frappant constamment, que l'on pourrait penser qu'il aurait été heureux d'être débarrassé de vous, soulagé de vous voir partir [...] (p. 228).

Le juge explique aux jurés la différence entre meurtre et homicide involontaire, et insiste sur le fait que la violence de la « victime » à l'égard de l'« accusée » n'est pas pertinente :

> Nous n'avons pas à nous soucier de la façon dont il la traitait. Si ce qu'elle dit est vrai, son attitude était en effet très mauvaise, mais elle pouvait avoir recours à la justice pour cela, elle aurait pu demander une pension alimentaire, elle aurait pu demander des mesures de protection s'il la frappait [...] (p. 261-262).

Selon le juge, ce serait un dangereux précédent que de déclarer que son geste est justifié :

> Quant à ces actes de cruauté, la justice voit tous les jours des cas où une épouse fait un procès à son mari pour obtenir ce que l'on appelle une pension alimentaire, parce qu'il a été cruel envers elle [...]. Mais il ne faut pas établir dans ce pays une jurisprudence qui permettrait à une femme qui a été maltraitée par son mari de sortir une arme à feu et de lui tirer dessus [...] (p. 262).

Le comportement brutal de la victime était chose connue dans la communauté et plusieurs croyaient qu'il était responsable de la mort de sa première femme, à cause de sa négligence et de sa cruauté envers elle. Plusieurs témoignages corroborent cette hypothèse. Comme bien des drames conjugaux d'hier et d'aujourd'hui, cette affaire est un exemple du contrôle ultime qu'un époux peut exercer. Le conjoint n'accepte pas que sa femme le quitte et il lui dit : « si je ne peux pas t'avoir, personne ne t'aura ».

Irene May Christensen est jugée coupable d'homicide. Le juge ne demande pas au jury s'il recommande la commutation de la peine, et la date d'exécution est fixée au 4 avril 1923. Christensen obtient un nouveau procès et est reconnue cette fois coupable d'homicide involontaire. Elle écope d'une sentence de quinze ans. Sa date de libération est inconnue.

Dans le cas de Dranchuk (1934), la violence, sous forme de négligence et d'isolement, est très claire. Dina et son mari vivaient dans une cabane de deux pièces au nord du lac Flat en Alberta. Les conditions climatiques étaient très difficiles dans cette région très peu peuplée. Elle déclare avoir tué son mari parce qu'il aurait refusé de vendre deux cochons afin de payer le médecin lorsqu'elle a fait une hémorragie. Au cours des hivers précédents, il avait refusé de lui donner de l'argent pour acheter des vêtements chauds, des bottes et des sous-vêtements[42]. Il ne venait à la maison que pour dormir et ne l'avait jamais battue comme tel, mais il lançait des pierres aux enfants et les frappait avec une planche de bois.

La défense plaide l'aliénation mentale : l'accusée a tué son mari dans un état de rage à la suite d'années de négligence et d'isolement. Mais dans son adresse au jury, le juge Ewing lui rappelle :

> Rien ne prouve que les coups ont été donnés dans le feu de la passion, dû à une provocation subite. Apparemment, le mari était allongé sur le lit ; il avait refusé de donner de l'argent, selon la déposition lue à la cour, mais cette action en soi n'est pas assez malveillante ni assez insultante pour mettre une personne ordinaire hors contrôle (p. 128).

Sa condamnation provoque un mouvement de protestation. Les nombreuses pétitions entraînent la commutation de sa peine. Matt O'Reilly écrit dans *The Herald* :

> Connaissant les conditions de vie du Nord, où les femmes deviennent à moitié folles à force de trouver leurs barriques de farine vides, de manquer de vêtements ou de toute autre chose nécessaire à la vie, au point d'en être malades, je suis bien placé pour dire qu'elle n'a pas réussi à démontrer son état de détresse, qui aurait pu expliquer ce qui l'a poussée à commettre une acte aussi irréfléchi.

42. La cause de Dina Dranchuk, RG 13, vol. 1592 (1, 2), dossier CC418.

Le 11 décembre 1934, sa sentence est commuée en une peine d'emprisonnement à vie.

Au Manitoba, Mme McLean (1946) poignarde mortellement et accidentellement son conjoint alors qu'il s'apprête à l'attaquer. L'accusée soutient :

> Il a dit : « Je te tuerai. » Il a essayé d'attraper mon cou comme ça ; je l'ai repoussé ; je l'ai repoussé, il m'a attrapée à nouveau, je l'ai repoussé ; j'avais tellement peur et je tremblais tellement, j'ai pris un couteau, je ne sais pas comment j'ai fait ; c'est juste qu'il semblait se jeter sur moi, je ne peux pas l'expliquer. J'étais comme paralysée [...]. J'avais déjà dû le faire [prendre le couteau] une autre fois. Je croyais que ça lui ferait peur. Ça lui avait fait peur la dernière fois [...]. Il m'a bousculée et je l'ai bousculé en retour. Il continuait à me bousculer ; à un moment, il m'a prise à la gorge comme ça [...]. Il le faisait toujours et m'avait déjà laissé des marques [...]. Alors, chaque fois il se jetait sur moi comme ça [...] et me prenait par la gorge. Il m'avait coincée contre le mur de la salle de bains [...]. Je l'ai repoussé. Il m'a injuriée et m'a traitée de tous les noms ; il a dit : « Je te tuerai. » Il est revenu vers moi et m'a bousculée. C'est là que j'ai attrapé le couteau [...]. Ensuite il s'est jeté, je ne peux pas l'expliquer [...] (p. 276-282[43]).

La défense plaide la légitime défense et la provocation. Elle démontre, à l'aide de plusieurs témoignages, la longue histoire de violence conjugale qui culmine dans cette tragédie. Le verdict de culpabilité est accompagné d'une recommandation de commutation. Selon plusieurs pétitionnaires, l'accusée a agi en état de légitime défense, même si le juge a exclu l'admissibilité de cette défense. Le 31 octobre 1946, l'accusation de meurtre est réduite à homicide involontaire sur la base de la défense de provocation, et l'accusée est condamnée à sept ans de réclusion.

43. La cause d'Elizabeth Maud McLean, RG 13, vol. 1661 (1.1, 1.2), vol. 1662 (2), dossier CC619.

Au Manitoba, Frances Harrop (1940) est jugée coupable du meurtre de son mari, mais elle affirme : « C'était ma vie ou la sienne. » Malgré les années de violence de la part de son mari, le procès met l'accent sur son état de dépression lié à la ménopause. La violence subie par l'accusée est corroborée par sa sœur et ses quatre fils. Une citation à comparaître avait été remise à M. Harrop, après qu'il eut attaqué Mme Harrop. Un de ses fils, George, raconte : « Je me souviens quand c'est arrivé. Je n'ai pas vu ce qui s'est passé, mais j'ai vu les bleus sur le cou de ma mère, la preuve que mon père l'avait étranglée » (p. 39). Un autre de ses fils, Frank, 17 ans, décrit aussi leur relation comme étant tumultueuse. Frank et George affirment aussi que leur père disait souvent à leur mère « Je te règlerai ton compte », et d'ajouter « qu'il cueillerait des fraises pendant que les vers boufferaient son corps » (p. 68). Au cours de son témoignage, la sœur de Mme Harrop fait également référence à la violence domestique et aux blessures subies par Mme Harrop.

Des accusations criminelles ont été portées contre M. Harrop pour avoir tenté d'étrangler son épouse le 18 juin 1938. Le coroner décrit leur union comme un « volcan domestique prêt entrer en éruption à tout moment[44] ». Dans son adresse au jury, le juge suggère néanmoins d'écarter la légitime défense et la provocation. L'accusée est jugée coupable et le jury recommande que la sentence de mort soit commuée en une sentence d'incarcération.

Divers groupes de femmes appuient Mme Harrop. Par exemple, dans une lettre envoyée au ministre de la Justice, l'honorable Ernest Lapointe, la Manitoba Housewives Association appuie la recommandation du jury. La Ligue des Filles du Canada prône également cette même compassion à son égard et l'Association du Bien-Être familial demande à son tour la clémence. Mary L. Kennedy, une infirmière à la

44. La cause de Frances Harrop, RG 13, vol. 1625 (1, 2, 3), dossier CC514.

retraite, va plus loin ; dans une lettre au ministère de la Justice, elle souligne que les jurés, tous des hommes, ne peuvent comprendre la vie de cette pauvre femme :

> Cet homme a cherché son destin en maltraitant systématiquement sa femme [...]. Les hommes disent (et me l'ont dit à moi) : « Elle aurait pu faire appel à la justice. » Dans un cas pareil, une femme n'est pas en état de penser clairement : le mur noir de l'horreur se dresse jour après jour.
>
> J'aurais voulu faire partie de ce jury. *Les hommes*, eux, n'ont aucune idée de la vie de cette femme.
>
> Monsieur le Ministre, le Canada peut sûrement se permettre de rendre à cette femme sa liberté : au nom de ces jeunes hommes, ses fils qu'elle a donnés à son pays, qui est le nôtre aussi [...].

Le révérend Lion Rees envoie ce télégramme au ministère de la Justice le 9 mai :

> Nous déplorons la peine de mort, et nous nous y opposons en toutes circonstances. C'est le contraire de ce que le Seigneur Jésus nous a ordonné, mais si votre Département tient à commettre un meurtre judiciaire, pourquoi ne pas pendre Mme Harrop, une mère de Winnipeg, le jour de la Fête des Mères comme un exemple de la sauvagerie du Code du Canada chrétien à son niveau le plus brutal (*Canadian National Telegram*, 9 mai 1940).

La condamnation et la sentence sont portées en appel le 8 mai 1940. Le tribunal ordonne un nouveau procès, entendu le 18 octobre 1940, et l'accusée est acquittée.

En général, les récits au sujet de la violence conjugale mettent en lumière les conditions difficiles dans lesquelles vivent les femmes à l'époque, leur incapacité juridique, les iniquités du système judiciaire, le sexisme du droit aussi bien dans la formulation des lois que dans leur application. Si ces récits influencent le prononcé de la sentence, ils n'empêchent pas le verdict de culpabilité. Il semble qu'on refuse de voir, de comprendre et de tenir compte de l'expérience des femmes. Il faudra attendre la fin du XXe siècle au Canada pour que cette dimension soit reconnue légalement et que la perspective des femmes soit perçue comme légitime. En effet, le caractère sexué du droit pénal fera alors l'objet de critiques et donnera lieu à un réexamen du Code criminel et de son application. Les femmes ont été longtemps et sont encore, en partie du moins, en marge de la logique pénale établie.

Chapitre 2

Femmes, légitime défense et syndrome de la femme battue : un inconfortable ménage à trois

Peu importe les milliers de mots que j'ai lus dans le cadre de l'examen de la légitime défense et les principes juridiques appliqués, j'ai toujours eu conscience que je scrutais en fait la vie des gens — vie bien souvent remplie d'abus, de misère et de tragédies, qui, en bout de ligne, a mené à la perte de la vie d'autrui...

La juge Lynn Ratushny,
Examen de la légitime défense, 1997.

Il faudra attendre la fin du XXe siècle pour que la violence conjugale soit sérieusement prise en compte dans les procès de femmes tuant leur agresseur. Dans le présent chapitre, nous examinerons les changements survenus sur le plan juridique, particulièrement durant la dernière décennie (1990-2000), et ce, en trois temps. Premièrement, nous évaluerons les acquis de la décision *Lavallee* (1990). Deuxièmement, nous examinerons des décisions postérieures à l'arrêt *Lavallee,* pour en dégager les limites et les pistes en matière de légitime défense. Troisièmement, nous commenterons l'enquête menée en 1997 par la juge Ratushny et intitulée *Examen de la légitime défense,* qui avait pour but de rétablir une certaine justice pour des femmes ayant tué en état de légitime défense, justice qui avait pu leur avoir été niée avant et même après la décision *Lavallee.* En fin de parcours, nous tenterons de proposer des pistes d'analyse, de réflexion et d'action.

L'arrêt *Lavallee* et la légitime défense

En acceptant la preuve d'expert sur le syndrome de la femme battue (SFB), l'arrêt *Lavallee* a fondamentalement transformé la défense des femmes qui ont tué leur conjoint violent. En effet, la Cour suprême du Canada a jugé que l'appréciation du caractère raisonnable de la réaction d'une femme face à une agression ou face à la violence appréhendée devait tenir compte de la réalité des femmes, laquelle peut être différente de celle des hommes, notamment lorsqu'il est question d'une femme battue.

L'interprétation du SFB dans les décisions judiciaires est basée sur des prémisses établies par la psychologue clinicienne américaine Lenore Walker (1979, 1984). Dans le DSM-IV, registre américain sur les maladies mentales, le SFB est inclus sous la rubrique « État de stress post-traumatique », défini comme un état « pathologique » de dépendance et d'impuissance qui semble empêcher une personne de fonctionner « normalement ». La personne souffrant de ce syndrome a le sentiment d'être piégée. À cause de la violence répétée dont elle fait l'objet, elle développe une peur légitime d'être tuée. L'extrait qui suit décrit l'état mental dans lequel Angélique Lyn Lavallee se trouvait au moment du meurtre et nous donne une idée des faits qui sont importants, voire décisifs, dans l'interprétation du SFB, tels le sentiment d'être piégée, la violence répétée et la peur légitime de la mort :

> [...] j'ai couru dans la maison quand Kevin m'a poussée. J'avais peur, j'avais vraiment peur. J'ai fermé la porte à clef [...]. Je suis allée en haut me cacher de Kevin dans mon placard. J'avais tellement peur [...]. Je me suis rendu compte ensuite qu'il montait me chercher. Il est entré dans ma chambre à coucher et a dit : « Salope, où es-tu ? » [...] O.K., puis il s'est retourné et m'a vue dans le placard. Il voulait que je sorte, mais moi je ne voulais pas parce que j'avais peur. J'avais tellement peur [...]. Il m'a saisie par le bras juste là. J'ai aussi un bleu au visage là où il m'a giflée. J'avais peur. Je ne pensais plus qu'à toutes les autres fois qu'il m'avait battue ; j'avais peur ; je tremblais comme d'habitude. Il a dit : « Attends que tout le monde soit parti, tu auras de mes nouvelles », et puis il a dit quelque chose du genre de : « Ou tu me tues, ou moi je t'aurai[1] » [...].

Le SFB ne constitue pas en soi une défense, au même titre que la provocation ou la légitime défense, mais il remet en question la conception juridique traditionnelle de la légitime défense. Ainsi, comme le rappellent Frigon et Viau (2000), avant l'arrêt *Lavallee*, le critère de recevabilité de certains moyens de défense était établi selon la norme de l'« homme raisonnable » si bien que, dans le contexte spécifique de la légitime défense, cette défense convenait davantage à la réalité des homicides commis par des hommes contre des agresseurs masculins.

En effet, cette défense avait été élaborée dans les cas de violence impliquant des hommes qui ne se connaissent pas et qui sont de poids, de taille et de force similaires. Son interprétation jurisprudentielle était mal adaptée aux cas de violence entre un homme et une femme et encore moins aux cas de violence conjugale. Les abus répétés sur une longue

1. *R. c. Lavallee*, [1990] *supra* note 5, p. 856.

période n'étaient pas considérés aux fins de la légitime défense, pas plus d'ailleurs qu'aux fins de la défense de provocation, qui repose sur un accès de rage soudaine découlant d'une action injuste ou d'une insulte (article 232). Ces critères n'incluaient pas la réalité des femmes, si bien que celles-ci se trouvaient en marge de cette logique pénale.

En ce qui concerne plus particulièrement la légitime défense, le critère de l'attaque imminente posait une autre difficulté dans le cas du maricide commis par une femme battue. L'application controversée de ce critère en 1983, en Nouvelle-Écosse, dans l'affaire *R. c. Whynot* (1983) mérite d'être soulignée. Jane Stafford a fait feu sur son mari pendant qu'il dormait. Ce soir-là, il avait menacé de tuer son fils. Il avait violenté Jane Stafford et les autres membres de la famille, mais il n'y avait pas d'attaque imminente au moment de l'homicide et la légitime défense n'a pu être plaidée. Jane Stafford fut donc condamnée pour le meurtre de son conjoint[2]. Un examen critique de ces critères a été fait par la juge Wilson dans l'arrêt *Lavallee*. Sur la question de l'imminence de l'attaque, la juge Wilson estime que le fait d'exiger qu'une femme battue attende qu'une attaque soit en cours pour que cette perception soit admissible du point de vue juridique, la condamne, ni plus ni moins, au « meurtre à tempérament ».

> L'exigence, posée dans l'arrêt *Whynot*, qu'une femme battue attende que l'agression soit « en cours » pour que ses appréhensions soient reconnues comme juridiquement valables reviendrait, pour reprendre la formule d'un tribunal américain, à la condamner au [traduction] « meurtre à tempérament » (*R. c. Lavallee*, [1990] : 883).

---

2. Voir l'entrevue réalisée avec Mme Stafford à l'émission *The Fifth Estate* et le film *Life with Billy* (1993). Au cours de cet entretien, Mme Stafford relate le climat de terreur dans lequel elle vivait, la violence physique, sexuelle et psychologique dont elle faisait l'objet ainsi que la violence que son conjoint exerçait sur son fils.

Ainsi, dans le cas de Mme Lavallee, qui a fait feu sur son conjoint parce qu'elle craignait qu'il ne la tue si elle ne tirait pas la première, on a établi que les perceptions et les actions de l'accusée étaient « raisonnables », et cela est un acquis fondamental. En effet, son acte a été reconnu comme *légitime* et a donné lieu à son acquittement aussi bien pour homicide involontaire coupable que pour meurtre. Depuis cet arrêt, le SFB est reconnu au point de vue non seulement médical mais juridique ; le témoignage d'un expert est désormais admis afin d'expliquer au jury la réalité des femmes qui tuent leur conjoint alors qu'elles vivent une relation au sein de laquelle elles sont victimes d'abus répétés.

Néanmoins, comme le souligne Boisvert (1991), « la décision ne crée pas de nouveau moyen de défense pour les femmes battues, mais reconnaît plutôt qu'il est normal de juger une accusée en tenant compte de la perspective des femmes » (p. 194). La juge Wilson estime en outre que les perceptions de la femme accusée doivent être reconnues, à défaut de quoi on lui refuse en fait d'être jugée équitablement comme le sont les accusés masculins.

> L'intimée avait droit à ce que le jury examine ses actes à la lumière de ses propres perceptions de la situation, notamment celles résultant de notre « longue et regrettable tradition de discrimination fondée sur le sexe » [...]. Sinon, on se retrouvera à refuser à l'intéressée le droit d'être jugée selon les mêmes règles que celles qui s'appliquent aux défenseurs de sexe masculin (*R.* c. *Lavallee* : 875).

Les décisions postérieures à l'arrêt *Lavallee*

Entre 1990 et 2002, très peu de femmes battues accusées d'homicide sur la personne de leur conjoint ont pu bénéficier de cette lecture de l'arrêt *Lavallee* et être conséquemment acquittées[3]. Au Québec, peu de femmes obtiendront de tels acquittements.

Le 28 novembre 2002 à Rouyn-Noranda, Sandra Staudinger est acquittée des accusations de meurtre au premier degré en raison du syndrome de la femme battue[4]. Cette cause est portée en appel le 18 décembre de la même année. Parmi les six motifs d'appel, on constate le fait que le juge de première instance a permis à une intervenante auprès de femmes violentées, Mme Rollande Clément, de témoigner à titre d'expert, ce qui serait contraire aux règles de droit dans ce contexte. De plus, le juge aurait aussi « erré en droit en opinant favorablement et démesurément en regard de la défense « du syndrome de la femme battue » présentée par l'intimée accusée » (Avis d'appel).

Le 3 mars 2001, Mme Graveline, une femme battue résidant dans l'Outaouais, est acquittée de l'accusation de meurtre au second degré de son conjoint sur la base d'une amnésie dissociative[5]. Durant le procès, le juge a soulevé la possibilité de légitime défense, défense qui n'a toutefois pas été plaidée même si Mme Graveline semblait correspondre au portrait clinique lié au syndrome de la femme battue. Selon Me Côté, si la cause n'a pas été plaidée comme celle de Lavallee, ce qui a

3. En 1998, Mme Kondejewski, de Brandon en Ontario, sera finalement acquittée (arrêt non publié) (voir Sheehy [2001] pour une analyse détaillée de ce procès pour meurtre). Par ailleurs, à Ottawa à l'automne 1998, Mme Getkate (arrêt non publié) ne sera pas acquittée malgré des preuves de violence ou de menaces de violence antérieures de la part du défunt. Ce qui semble avoir été déterminant, du moins à première vue, c'est que les preuves chez Mme Kondejewski étaient accablantes et provenaient de différentes sources, tandis que, dans le cas de Mme Getkate, les preuves provenaient uniquement de son témoignage rapporté au psychiatre appelé comme témoin à charge (ACSEF 2000).
4. *R. c. Staudinger* (2002), Cour d'appel du Québec (600-01-004752-001). Nous tenons à remercier Mme Rollande Clément, d'Alternative pour Elles, une maison pour femmes violentées à Rouyn-Noranda, d'avoir partagé avec nous des informations sur ce dossier.
5. *R. c. Graveline* (2001), Cour supérieure de Hull (550-01-002547-992).

été plaidé indique cependant que des éléments du SFB, cumulés aux événements de la journée du meurtre, auraient réduit Mme Graveline à un état d'automatisme. La décision est présentement en appel. Les motifs d'appel touchent au fait que le juge aurait permis deux défenses, celles de l'automatisme et de la légitime défense, mais aurait mal instruit le jury au sujet de ces défenses ; la description et le fardeau de preuve liés à l'automatisme présentés allaient à l'encontre de la jurisprudence[6]. Deux acquittements qui sont, donc, au moment d'écrire ces lignes, remis en question.

Toujours au Québec, Mme Côté (en 1995) et Mme Vaillancourt (en 1999) seront également acquittées. Mme Vaillancourt sera acquittée en appel. Nous étudierons ici plus en détail l'arrêt *Côté*[7] en examinant le jugement et l'expertise psychiatrique. En citant de larges extraits du jugement, nous espérons faire ressortir les événements qui ont abouti à l'homicide, afin de démonter la mécanique d'un tel procès et l'utilisation du syndrome de la femme battue (SFB).

L'arrêt Côté

Les événements de la nuit du meurtre sont reconstitués de la façon suivante par l'accusée, Mme Linda Côté :

> Elle raconte en quelques mots qu'après avoir dormi une arme pointée vers elle toute la nuit elle a profité du sommeil de Marcel Claude pour prendre l'arme et faire feu sur lui. Elle fait part à l'agent qu'elle et ses enfants étaient menacés par le mari depuis des années et qu'il menaçait ses propres parents parce que son fils faisait l'objet d'un placement par le directeur de la Protection de la jeunesse [...] (p. 3-4).

---

6. Propos recueillis lors d'un entretien téléphonique, le 11 février 2003, avec Me Martin Côté, procureur de la Couronne.
7. *R. c. Côté* (1995), C.Q., dossier n° 700-01-004987-924.

Dans une rare unanimité des témoins, aussi bien de la Couronne que de la défense, on considère que la violence conjugale vécue par l'accusée était exceptionnelle ; amplement documentée, elle sera au cœur des preuves qui moduleront le procès et son issue.

Dans le but de mieux saisir la violence conjugale, l'histoire du couple est abondamment relatée. Dans le jugement, on peut lire :

> Madame Côté rencontre Monsieur Claude en 1973 lorsqu'elle a 17 ans et il a 18 ans. Très tôt dans la cohabitation, Monsieur Claude veut que Madame Côté abandonne son travail et il s'arrange pour que celle-ci perde son emploi. Monsieur Claude fait preuve de jalousie excessive. Il ne veut pas que Madame ait des amis, il lui fait couper les liens avec sa famille. Elle, par amour, se fait à cette situation... Le 25 novembre 1974, c'est l'anniversaire de Monsieur Claude. Madame est enceinte de 8 mois. Madame a acheté comme cadeau d'anniversaire un porte-monnaie en cuir aux initiales de son époux. Ce dernier n'est pas satisfait du cadeau reçu et demande à Madame d'aller l'échanger. Cette dernière refuse prétextant que l'échange ne peut se faire vu les initiales gravées. Monsieur Claude entre dans une colère incroyable. Il bat violemment Madame à coups de pieds et à coups de poing. Il la traîne à l'extérieur du domicile jusqu'à son véhicule. Madame s'évanouit dans son véhicule. Lorsqu'elle reprend ses esprits, Monsieur Claude se confond en excuses et en promesses de ne plus recommencer. Il lui fait clairement sentir toutefois que c'est elle qui l'a provoqué. C'est la première fois de sa vie que Madame est confrontée avec la violence. Elle, enceinte de huit mois, est meurtrie, blessée. Pour reprendre ses termes : elle est figée, elle a honte. Ce n'est que le début. La violence verbale et physique se continue, s'accentue [...].

Le climat de terreur continuel dans lequel Mme Côté et les enfants sont tenus est bien connu. Mme Côté est vue en clinique à maintes reprises, elle est battue un « nombre incalculable de fois » ainsi que ses enfants. Son fils sera placé dans une famille d'accueil par la Direction de la protection de la jeunesse. Enfin, selon la preuve, les tentatives de Mme Côté pour échapper à son conjoint échoueront.

> Madame fait une tentative de déménagement avec les enfants à Mont-Rolland, avec l'aide de son frère. Elle est surprise par Monsieur Claude, qui l'attend à sa nouvelle résidence, et elle doit réintégrer le domicile sous les menaces. Par la suite, Monsieur Claude s'arrange pour avoir un enfant avec lui lorsque Madame s'absente [...].

M. Claude est en fait « roi et maître chez lui » (*ibid.*, p. 11) et « la seule chose dont dispose Madame dans cette chambre est un lit simple coincé entre le mur en pente et le lit double réservé à Monsieur » (*ibid.*, p. 10).

La violence à l'endroit de leur fille semble marquer une étape significative dans la succession des événements. Lorsque son conjoint commence à frapper leur fille, Mme Côté intervient et menace d'appeler la police. En état de panique, M. Claude menace de les tuer, d'aller tuer ses parents qu'il tient responsables de l'intervention de la DPJ et du départ de leur fils Richard. Dans le jugement, on décrit ainsi la chronologie des événements :

> Il intime l'ordre aux deux femmes de monter dans la chambre des maîtres. Il les menace toujours de les tuer, le revolver pointé vers elles. Sur l'ordre de son père, Sophie installe le film dans l'appareil vidéo. Madame se couche sur son lit à elle, face au mur et ne bouge pas. Monsieur Claude et Sophie visionnent le film. Le film terminé, Monsieur Claude ordonne à Sophie d'aller se coucher dans sa chambre. Madame Côté, toujours dans la même position, face au mur, subit les menaces de mort de Monsieur. Les menaces sont ponctuées de coups sur la tête avec le canon du revolver [...]. Elle est persuadée qu'elle va se faire tuer et que les enfants seront les deux prochaines victimes à commencer par Sophie. Dans la pénombre du lever du jour, elle se retourne doucement. Elle peut voir son mari qui paraît assoupi. L'arme lui a glissé des doigts. Elle est là, tout près

> de sa main. Madame s'empare de l'arme et appuie sur la détente à trois reprises en pointant l'arme vers Monsieur Claude. Elle ne sait trop où elle a tiré [...]. Elle se lève, laisse tomber l'arme elle ne sait où et dans l'embrasure de la porte rencontre Sophie qui cherche à fuir par l'escalier. Sophie n'en croit pas ses yeux de voir sa mère. Pour elle qui s'enfuit après avoir entendu les coups de feu, il était clair que c'était sa mère la victime. Elle-même ne cherchait qu'à sauver sa vie en fuyant. Madame Côté demande à Sophie d'appeler les policiers [...].

L'accusée invoque la légitime défense. Le paragraphe 34 (2) du Code criminel se lit ainsi :

> Quiconque est illégalement attaqué et cause la mort ou une lésion corporelle grave en repoussant l'attaque, est justifié si :
>
> a) d'une part, il la cause parce qu'il a des motifs raisonnables pour appréhender que la mort ou quelque lésion corporelle grave ne résulte de la violence avec laquelle l'attaque a en premier lieu été faite, ou avec laquelle l'assaillant poursuit son dessein ;
>
> b) d'autre part, il croit, pour des motifs raisonnables, qu'il ne peut pas autrement se soustraire à la mort ou à des lésions corporelles graves.

Comme on le souligne dans le jugement de l'affaire *Côté*, le paragraphe 34 (2) fait donc ressortir les trois éléments constitutifs de la légitime défense lorsque, comme en l'espèce, la victime est décédée :

> 1) l'existence d'une attaque illégale ;
>
> 2) l'appréhension raisonnable d'un danger de mort ou de lésions corporelles graves ;
>
> 3) la croyance raisonnable qu'on ne peut s'en sortir autrement qu'en tuant l'agresseur.

On cherche donc à déterminer quelle était la perception des faits chez l'accusée et si cette perception était raisonnable.

Dans cette évaluation objective, l'erreur honnête mais raisonnable relativement à une attaque est donc permise et il faut examiner l'état d'esprit de l'accusée. La Cour d'appel souligne que la Cour suprême du Canada, dans l'arrêt *R. c. Pétel* du 20 janvier 1994[8], « nous rappelle que la question à se poser n'est pas de savoir si l'accusée a été illégalement attaquée mais plutôt si l'accusée a raisonnablement cru, dans les circonstances, qu'on l'attaquait illégalement ».

Comme dans l'affaire *Lavallee*, une experte est venue témoigner et expliquer le syndrome de la femme battue. Dans le procès de Mme Côté, la psychiatre, la D[re] Renée Roy, a clairement indiqué que l'accusée correspond aux critères définissant le syndrome de la femme battue.

> Le Docteur Roy nous décrit le syndrome de la femme battue comme un tableau persistant qui s'intensifie avec l'accélération des gestes de violence posés par le conjoint abuseur. La femme victime d'abus se sent isolée et impuissante. Elle croit que son conjoint est tout-puissant et elle s'y soumet passivement. Ses perceptions sont restreintes, toutes ses énergies se concentrent sur des stratégies de survie à court terme. Elle est constamment en alerte face aux comportements de son conjoint et à ses moindres changements d'humeur. Dans un tel contexte, la femme en vient à développer une impuissance apprise qui ne lui permet plus de trouver des solutions pour sortir de la situation d'abus, comme par exemple en se réfugiant dans un centre pour femmes en difficulté, en laissant derrière elle le conjoint

8. Mme Pétel a été condamnée à une sentence d'emprisonnement à vie par un juge de première instance. En appel, on a considéré que le juge avait indûment limité la pertinence des menaces antérieures à un seul des éléments constitutifs de la légitime défense, soit celui de l'existence d'une attaque imminente. Les parties en sont venues à un accord et ont négocié un plaidoyer de culpabilité à l'accusation d'homicide involontaire, qui a valu six ans d'emprisonnement à Mme Pétel. Elle avait déjà purgé cinq ans en détention préventive. Nous reviendrons plus en détail sur l'arrêt *Pétel* un peu plus loin dans ce chapitre.

> abuseur. Lorsque ces femmes en viennent à craindre pour leur vie, la seule solution envisageable devient alors de se défendre contre le conjoint avant que celui-ci les supprime. Il ne s'agit pas d'un choix délibéré ni d'un geste prémédité, la capacité de ces femmes de trouver des solutions plus adaptées étant nettement altérée par le perpétuel contexte de violence dans lequel elles ont vécu (p. 23-24).

Dans les arrêts *Lavallee* et *Pétel*, la Cour suprême du Canada avait exigé que l'on tienne compte de ce témoignage d'expert afin d'assouplir la règle de l'imminence de l'attaque. Devant tous les faits présentés dans l'affaire *Côté*, le juge établit qu'« [e]lle a donc des motifs extrêmement sérieux pour appréhender la mort ou des lésions corporelles graves » (p. 28) et que, « [s]elon l'ensemble de la preuve, l'accusée, Madame Côté, avait des motifs raisonnables de croire en l'absence d'alternatives » (p. 29) : son lit est coincé entre le mur en pente et le lit où est assoupi M. Claude. Donc, la configuration des lieux et la condition psychologique d'impuissance de Mme Côté amènent le juge à conclure : « l'accusée Madame Côté lorsqu'elle a fait feu sur la victime Marcel Claude était en situation de légitime défense (p. 29).

L'avocate de la défense dans cette affaire, Me Simone Santerre, ne croyait pas qu'il était nécessaire d'invoquer le syndrome de la femme battue, car la légitime défense était à son avis suffisamment claire, mais le juge en a décidé autrement et a considéré comme pertinent le syndrome de la femme battue.

Comme nous le verrons dans la prochaine section, très peu de femmes ont été acquittées en raison du syndrome de la femme battue. Une étude d'impact de l'arrêt *Lavallee* nous démontrera que la portée de cette affaire a été très limitée dans les faits (Sheehy 1995, 2000, 2001 ; Poulin 2001).

La portée limitée de l'arrêt Lavallee

Un examen de la jurisprudence relative aux cas de violence conjugale où les principes développés dans l'arrêt *Lavallee* ont été invoqués nous indique que ceux-ci ont aussi été utilisés pour appuyer des défenses de nécessité, de contrainte et d'absence de *mens rea* (intention criminelle). Depuis l'arrêt *Lavallee*, le syndrome de la femme battue a également été admis dans des affaires de vol à main armée, de fraude, de trafic de stupéfiants, de profération de menaces verbales et d'homicide involontaire coupable. Dans les pages qui suivent, nous résumerons les causes dans lesquelles le syndrome de la femme battue et/ou les acquis de l'arrêt *Lavallee* ont été retenus, en prenant comme ancrage juridique le rapport de Monique Poulin (2001) intitulé *Le droit à la légitime défense en situation de violence conjugale : un régime de tutelle pour les femmes*, publié dans les Cahiers de recherche du GREMF (Groupe de recherche multidisciplinaire féministe) de l'Université Laval[9].

---

9. Seront aussi mis à contribution les travaux de Sheehy (2000, 2001), Frigon (1999b), Frigon et Viau (2000) et Boisvert (1991), qui nous ont également permis de repérer des décisions touchant cette question jusqu'en 1999. Les décisions ultérieures (de 2000 à 2002) ont été repérées par une consultation de *Quicklaw*, complétée par une recherche manuelle qui nous a permis de constater que le terme « syndrome de la femme battue », décliné de différentes façons, a été mentionné, parfois seulement au passage, dans 36 causes au Canada. On compte trois causes où il est utilisé dans le cas de femmes qui ont tué un conjoint violent depuis 2000 : *Gruenke*, [2000] 1 S.C.R. 836 (R.C.S.) ; *R. c. Britt*, [2000] O.J. n° 4742 (On. Sup. Ct. Just) ; *R. c. Foy*, [2002] O. J. n° 4004 (On. Sup. Ct. Just).
Quicklaw est un outil de recherche informatisé qui donne accès à plus de 2 500 banques de données comportant : de la jurisprudence de cours (qui remonte jusqu'en 1876), de commissions, de conseils et de tribunaux administratifs du Canada, des États-Unis, du Royaume-Uni et du Commonwealth ; des lois, des règlements et des projets de loi ; des bulletins électroniques d'actualité ; des textes, des articles, des bulletins d'information et des communiqués de presse.

Dans les arrêts *Eagle* (1991) et *Lalonde* (1995), l'absence de *mens rea* sera invoquée pour faire acquitter l'accusée. Un tribunal du Yukon, dans l'affaire *Eagle*[10], confirme la portée des changements suscités par l'arrêt *Lavallee*. Dans cette affaire, une femme est inculpée pour avoir proféré des menaces de mort à l'encontre de son mari violent quelques mois après leur séparation. Le juge Heino Hille accepte la preuve du syndrome de la femme battue, sans avoir recours au témoignage d'un expert, pour faire acquitter l'accusée sur la base de l'absence de *mens rea*. Dans l'arrêt *Lalonde*[11], une autre femme est acquittée sur la base de l'absence de *mens rea* et sur la défense de nécessité appuyées sur la même preuve non confirmée par un expert dans une affaire de fraude aux dépens du ministère de la Communauté et des Services sociaux de l'Ontario ; cette femme était accusée d'avoir retiré des bénéfices d'aide à la famille au moment où elle vivait avec un homme, ce qui la rendait, selon la loi, inadmissible à ce type de prestations réservées aux mères monoparentales. Le juge Trainor a utilisé la décision *Lavallee* pour conclure que l'accusée souffrait du syndrome de la femme battue. Selon lui, cette femme qui était maltraitée physiquement et psychologiquement par son conjoint de fait craignait aussi pour la sécurité de ses enfants, et cette situation aurait eu un impact sur son comportement.

Dans un autre ensemble de causes similaires à celle de *Côté*, on relève des chefs d'accusation réduits d'homicide involontaire ou de meurtre au second degré négociés par les procureurs où, d'après Poulin, « les juges ont démontré une même compréhension et ont utilisé leur pouvoir discrétionnaire dans la détermination de la peine afin de suspendre ou de sensiblement réduire la sentence en fonction du syndrome de la femme battue » (2001 : 81).

---

10. *R. c. Eagle,* [21 juin 1991] Y.T 147 (Yukon Terr. Court).
11. *R. c. Lalonde* (9 janvier 1995), 22 O.R. (3d) 275 (Ont. Ct. Gen. Div.) ; 1995 O.J. n° (Q.L.).

Ainsi, dans l'arrêt *Phillips*[12], Gloria Phillips a été accusée du meurtre au second degré de son conjoint, accusation qui fut ensuite réduite à un plaidoyer d'homicide involontaire coupable par suite de négociations entre les procureurs. Un psychiatre et un psychologue ont démontré que l'accusée souffrait du syndrome de la femme battue à cause de la violence subie au cours de relations conjugales antérieures à celle qu'elle vivait au moment du drame. En se basant sur une preuve de violence antérieure, le juge Watt affirmera en outre que l'accusée ne constituait pas un danger pour le public, afin d'atténuer la sanction. Mme Phillips recevra une sentence de deux ans d'emprisonnement plus une période de trois ans de probation.

Dans l'affaire *Dunlap*[13], où l'accusée était inculpée de meurtre, le juge a admis des éléments de preuve établissant le passé violent du défunt à l'endroit de sa conjointe, mais a éliminé la possibilité de recourir à la légitime défense puisque, à son avis, la force utilisée par l'accusée pour contrer l'agression était excessive. Il a donc accepté son plaidoyer de culpabilité à l'accusation d'homicide involontaire et l'a condamnée à un an d'emprisonnement et à deux ans de probation. La cause a été portée en appel et la Cour a également rejeté la légitime défense en raison de l'argument de la force défensive disproportionnée à l'attaque. Selon Poulin, le critère exigé d'une force défensive proportionnelle à la gravité de l'attaque constitue une erreur de droit en vertu de l'article 34 (2) du Code criminel. La légitime défense, selon l'article 34 (2), repose non pas sur le caractère raisonnable de la force défensive mais sur le caractère raisonnable de la croyance de l'accusée. À cause de ces erreurs de droit, la légitime défense ne fut pas acceptée, même si, dans l'affaire *Dunlap* ses conditions d'exercice étaient réunies et répondaient à la notion traditionnelle de « l'imminence de l'attaque ».

---

12. *R. c. Phillips*, [23 novembre 1992] O.J. 2716 (Q.L.) (Ont. Ct., Gen. Div.)
13. *R. c. Dunlap* (1991), 101 N.S.R. (2d) 263 (C.S. N.É. Div. app.).

Dans un autre cas d'accusation de meurtre au second degré, l'affaire *Whitten*[14], le tribunal de première instance a accepté un plaidoyer d'homicide involontaire coupable. Un sursis de peine de trois ans de probation fut accordé compte tenu de la longue période de violence que le conjoint avait fait subir à l'accusée. Selon Poulin, la légitime défense n'a pas été plaidée bien que l'accusée ait agi pendant une agression de son conjoint.

La même approche, résultant en une réduction du chef d'accusation, transparaît dans l'arrêt *Bennett*[15] : l'accusée avait été inculpée du meurtre au premier degré (qui a été réduit à un chef d'accusation pour meurtre au second degré) de son conjoint violent et de deux vols à main armée et de complot pour commettre un vol après avoir tué son conjoint. À la lumière des témoignages sur la violence de son conjoint envers elle et de la preuve du syndrome de la femme battue présentée par un expert, la juge Ratushny de la Cour provinciale de l'Ontario a accepté le plaidoyer de culpabilité pour l'accusation de meurtre au second degré et a ordonné un sursis de sentence et trois ans de probation. La légitime défense n'a pas été plaidée dans ce cas.

Malgré plusieurs agressions antérieures subies par l'accusée dans l'affaire *Catholique*[16], celle-ci a été inculpée de voies de fait graves pour s'être défendue avec une bouteille brisée contre une agression de son conjoint, qui l'avait cette fois projetée au sol et violemment giflée à plusieurs reprises. Poulin estime que la riposte de l'accusée correspond à la notion traditionnelle d'attaque imminente ou en cours de déroulement. Le juge De Weerth a néanmoins rejeté la légitime défense en considérant l'usage de la bouteille brisée comme une force

---

14. *R. c. Whitten* (1991), 110 N.S.R (2d) 149 (C.S.N.É., Trial Div.) ; (1992) N.S.J. n° 105 DRS 93-08739 (Q.L.).
15. *R. c. Bennett,* [28 janvier 1993] O.J. 1011 DRS 93-12605 (Q.L.), (Cour prov. Ont. Ottawa).
16. *R. c. Catholique* (1990), 164 N.W.T.J. (Q.L.) (C.S.).

excessive injustifiable dans les circonstances. À partir de cette interprétation erronée, il a accepté le plaidoyer de culpabilité, pour lequel il a ordonné un sursis de sentence et une période de probation de deux ans. Le juge a fait état d'une tension émotive chez l'accusée, causée par le sentiment d'être réellement en danger, mais n'a pas entériné le diagnostic du syndrome de la femme battue. Toujours selon Poulin, cette décision renforce et perpétue l'impression que l'autodéfense des femmes battues, si conforme soit-elle aux règles traditionnelles, se bute à des mentalités qui lui seront toujours hostiles.

L'affaire *Tran*[17], où l'accusée a plaidé non coupable à une accusation de meurtre au second degré mais coupable à l'accusation d'homicide involontaire, semble également appuyer cette constatation. L'accusée s'est défendue durant une attaque illégale faisant suite à une série d'agressions perpétrées à raison d'une fois par semaine. Bien que toutes les conditions aient été réunies pour l'acquitter (le diagnostic du syndrome de la femme battue avait été établi par les deux experts psychiatres, le geste remplissait les conditions de la légitime défense, la riposte à l'attaque avait été immédiate), le juge Watt a déclaré que l'accusée avait causé la mort de son conjoint de façon illégale. Par ailleurs, sur la base de l'absence de *mens rea* de meurtre, le juge a accepté le plaidoyer d'homicide involontaire coupable et condamné l'accusée à une peine d'emprisonnement de douze mois. Elle aurait pu toutefois être acquittée.

En résumé, nous sommes d'accord avec Poulin, qui suggère que les femmes qui se défendent dans le cadre d'une « riposte sur-le-champ », permettant ainsi l'interprétation classique de l'attaque imminente, se butent à des juges qui persistent à leur nier l'accès à la défense de légitime défense.

---

17. *R. c. Tran*, [15 octobre 1991] O.J. n° 2052 (Q.L.) (Ont. Ct of Justice, Gen. Div.).

Les femmes peuvent invoquer la légitime défense dans deux types de scénarios. Dans le premier, lorsqu'il y a lien conjugal entre la « victime » et l'« accusée », le comportement est pathologisé et psychiatrisé. Dans le second, il y a absence de lien conjugal entre la femme battue et l'agresseur, comme dans l'arrêt *Pétel*. Cet arrêt met l'accent sur la portée des « menaces antérieures » combinées aux menaces « actuelles » sans en médicaliser les effets, de même que sur l'option que l'accusée a raisonnablement estimé avoir à sa disposition pour échapper au danger. Selon Poulin, l'arrêt *Pétel* « s'impose comme solution de rechange valable à la référence au syndrome qui place la légitime défense des femmes battues sous la tutelle psychiatrique » (2001 : 87-88).

L'arrêt **Pétel** *(1994) ou la « légitime défense sans tutelle psychiatrique*[18] *»*

Dans l'affaire *Pétel*, l'accusée avait été victime de menaces répétées par le conjoint de sa fille. La défense n'a pas fait intervenir le syndrome de la femme battue mais plutôt la portée des menaces antérieures à celles ayant causé le drame comme élément satisfaisant aux trois conditions d'exercice de la légitime défense.

L'accusée a relaté que le conjoint de sa fille se livrait chez elle au trafic de drogues, qu'il proférait des menaces de mort à son endroit et que sa fille et sa petite-fille vivaient dans un climat de terreur. Ne parvenant pas à échapper à la violence même après avoir déménagé (il se rendait à son nouveau domicile pour y faire son trafic et recevoir ses clients), elle craignait le pire à la suite des multiples menaces de mort à son égard. Dans le but de présenter le contexte dans lequel le

18. Nous empruntons ici l'expression de Monique Poulin (2001).

drame s'est déroulé, nous citerons Poulin, afin de ne pas introduire une deuxième relecture du jugement :

> Le jour du drame, il s'est présenté chez l'accusée avec un revolver, de la cocaïne et une balance ; il lui a demandé de ranger l'arme, lui a intimé l'ordre de peser la cocaïne et s'est assis à la table pour fumer de la drogue. L'état d'esprit de l'accusée est résumé par l'extrait suivant de sa déclaration : « Je savais qu'à soir, il s'en venait pour nous tuer moi et Josée et peut-être la petite. C'était un ancien boxeur et j'avais très peur de lui. » Peu de temps après, sa fille est arrivée avec l'ami de son conjoint. Son conjoint aurait déclaré dans la conversation qui s'ensuivit « là où vous allez toutes les trois vous n'avez pas besoin d'argent ». C'est alors que l'accusée est allée quérir l'arme qu'elle avait cachée, a fait feu sur le conjoint de sa fille, qui s'est immédiatement écroulé. Voyant que son ami s'élançait pour l'attaquer, elle riposte en faisant feu sur lui. Le conjoint de sa fille a survécu mais son ami est décédé (Poulin 2001 : 88).

Le juge de première instance a condamné l'accusée à l'emprisonnement à vie. Il a rendu ce jugement avant l'arrêt *Lavallee* et avait instruit le jury que la portée des menaces antérieures à celles faites au moment des événements ne devait être considérée que pour déterminer s'il y avait attaque illégale. Le jugement de la Cour d'appel, survenu après l'arrêt *Lavallee*, infirme l'opinion du juge de première instance sur la base d'une erreur de droit quant à ses directives sur la portée des menaces antérieures. Un nouveau procès est ordonné. Le verdict de la Cour suprême confirme la décision de la Cour d'appel d'ordonner un nouveau procès par suite de l'erreur de droit commise par le juge, qui a indûment limité la pertinence des menaces antérieures à un seul des éléments constitutifs de la légitime défense, soit celui de l'existence d'une attaque illégale. Après que l'accusée ait passé cinq années en détention préventive, les parties ont négocié un plaidoyer de culpabilité à l'accusation d'homicide involontaire, qui lui a valu six ans d'emprisonnement.

Selon Poulin et d'autres analystes, cette affaire démontre la possibilité de présenter la preuve du passé violent de l'agresseur, tant envers la personne agressée qu'envers des tiers, pour établir la légitimité d'un acte défensif ayant conduit à sa mort. Cette manière de procéder pourrait être transposée aux situations de violence conjugale, ce qui serait souhaitable.

L'utilisation du syndrome de la femme battue dans les affaires *Malott*[19], *Trombley*[20] et *Vaillancourt*[21] démontre en effet l'espèce de tutelle qu'on impose aux accusées ayant tué leur conjoint. Par rapport au cas *Pétel*, où la légitime défense a pu être plaidée sans recourir au SFB, l'existence d'un lien conjugal entre l'accusée et la victime agresseur dans ces trois cas leur impose un fardeau, celui de répondre aux critères d'un diagnostic qui les assimile à des personnes dérangées mentalement.

> Il commande au juge de s'improviser momentanément pédagogue et psychiatre pour expliquer une matière complexe à un jury peu familier avec les aspects psychologiques et émotionnels de la violence conjugale. Et c'est précisément la « qualité » de l'adresse au jury et la capacité des honnêtes gens qui le composent à en saisir l'essence qui seront contestées dans l'affaire *Malott* (Poulin 2001 : 94).

L'affaire **Malott** *ou la légitime défense « sous tutelle »*

Marguerite Ann Malott a vécu dans un climat de terreur entretenu par son conjoint, Paul Malott, pendant dix-neuf ans. Elle est mère de deux enfants. Son conjoint servait d'indica-

19. *R. c. Malott* (1996), 30 O.R. (3d) 609, 631 (C.A. Ont.).
20. *R. c. Trombley* (1998), 40 O.R. (3d) 382-383 (C.A. Ont.).
21. *R. c. Vaillancourt* (1999), R.J.Q. 652, 660 (C.A. Qué.).

teur de police dans des affaires de trafic de drogue, si bien que les plaintes de Mme Malott adressées aux forces de l'ordre demeuraient sans suite. Qui plus est, la police informait l'indicateur des plaintes déposées par sa conjointe, ce qui déclenchait une augmentation de la violence envers Mme Malott. Malgré leur séparation, il exerçait toujours de la domination sur elle. Ne pouvant se soustraire à ses ordres, elle continuait de subir de l'humiliation. On rapporte que, quelques jours avant le drame, elle avait dû tenir le rôle de servante pour préparer un dîner pour lui, son ami et sa mère. L'accusée prenait des médicaments pour le traitement d'un état dépressif.

Le jour du drame, l'accusée conduisit son ex-conjoint à un centre médical où elle devait lui procurer des drogues pour fins de trafic en utilisant ses ordonnances médicales. Pendant le trajet, il y eut dispute et elle aurait fait l'objet de menaces et de coups de la part de Malott. Le centre médical était fermé ; elle craignait donc une nouvelle agression. En revenant à l'auto, lorsqu'elle entendit son conjoint crier, elle crut qu'il s'apprêtait à sortir pour l'agresser. Elle s'empara du pistolet qu'elle avait glissé dans son sac à main avant son départ pour la clinique et tira sur lui. Il fut mortellement atteint. Elle s'est ensuite rendue en taxi chez l'amie de son conjoint, a tiré sur elle et l'a poignardée, mais celle-ci a survécu. Marguerite Malott fut accusée de meurtre au premier degré et de tentative de meurtre.

Au procès, une preuve d'expert fut présentée afin de démontrer que Mme Malott souffrait du syndrome de la femme battue. La défense était fondée sur la légitime défense, sur l'intoxication due à la prise de médicaments et sur la provocation du conjoint. Après trois jours de délibérations et après avoir posé une douzaine de questions au juge sur les directives qu'il avait données, le jury a déclaré l'accusée coupable de meurtre au second degré pour la mort de Paul Malott et de tentative de meurtre sur la personne de l'amie de ce dernier, en recommandant la peine minimale, étant donné la gravité du syndrome qui l'affectait. Le juge, privé de son pouvoir discrétionnaire dans la détermination de la peine, a condamné l'accusée à l'emprisonnement à vie, sans possibilité de libération conditionnelle avant dix ans pour le premier chef d'accusation, et à une peine concurrente de quatre ans d'emprisonnement pour la tentative de meurtre. La cause a été portée en appel pour l'insuffisance des directives du juge au jury concernant les trois défenses invoquées, particulièrement celle de la légitime défense.

L'absence de valeur probante de la preuve d'intoxication aux médicaments et de la provocation a amené la Cour d'appel de l'Ontario à rejeter ce motif d'appel. Au sujet de l'accusation de meurtre du conjoint, la Cour a conclu que les directives du juge au jury sur le syndrome de la femme battue et la légitime défense étaient équitables, suffisantes et conformes aux principes énoncés dans l'arrêt *Lavallee* (p. 99). Par ailleurs, la juge Abella de la Cour d'appel a tout de même enregistré une opinion dissidente selon laquelle la nature sélective de la preuve (particulièrement celle de l'expert) ainsi que l'absence de liens entre la preuve du syndrome et les éléments de la légitime défense ne pouvaient permettre au jury d'apprécier en toute connaissance de cause le caractère raisonnable de la conduite de l'appelante. Cette dissidence a permis un pourvoi devant la Cour suprême.

Au terme de son examen, le tribunal suprême a conclu que les explications sur le sens juridique des conditions d'exercice de la légitime défense et la récapitulation des éléments de preuve qui s'y rapportent étaient suffisantes pour informer le jury et l'amener à prendre position d'une façon éclairée sur l'existence de chacune de ces conditions. Toutefois, les juges Claire L'Heureux-Dubé et Beverley McLachlin ont tout de même présenté leur version du jugement pour faire le point sur l'argument du syndrome de la femme battue et sur la manière d'instruire le jury à propos de son utilisation.

Bien qu'elles souscrivent au jugement, les juges L'Heureux-Dubé et McLachlin servent une mise en garde : elles soulignent l'utilité de la preuve d'expert afin d'éliminer les mythes et stéréotypes entourant la conduite de la femme battue, en décrétant toutefois que l'examen légal de la légitime défense d'une femme battue doit « porter avant tout sur le caractère raisonnable de ses actes dans le contexte de ses expériences personnelles, notamment en tant que femme, et non pas sur sa situation de femme battue et son droit d'alléguer qu'elle est atteinte du syndrome de la femme battue » (p. 105). De plus, elles critiquent la tendance de la jurisprudence à accentuer les « insuffisances » personnelles de la femme battue au détriment de certains facteurs sociaux tout aussi importants. Par exemple, « le manque de compétence professionnelle, la dépendance économique, les représailles du conjoint, la crainte de perdre la garde des enfants, le souci de les protéger contre la violence, l'exposition à la violence malgré le départ du foyer, la maison familiale comme territoire de la femme autant que celui de l'homme, la nécessité de se loger et la menace de la pauvreté sont des considérations hautement pertinentes dans l'évaluation du caractère raisonnable de la conduite d'une femme battue indépendamment d'un diagnostic de syndrome chez elle » (p. 105).

L'affaire *Vaillancourt*, pour sa part, illustre certaines répercussions des directives insuffisantes du juge au jury. Micheline Vaillancourt a été déclarée coupable du meurtre de son mari, Raymond Naud, même si une preuve abondante démontrait que l'accusée était victime depuis plusieurs années de violence aussi bien physique que verbale, psychologique et sexuelle. Un psychiatre et une psychologue ont témoigné pour établir que l'accusée souffrait du syndrome de la femme battue. Se voyant dans l'impossibilité de quitter son conjoint sans courir le risque d'être tuée par celui-ci, l'accusée ne voyait d'autre issue que de se débarrasser de son agresseur.

La défense a soutenu la thèse de la légitime défense, qui a été rejetée par le jury, lequel a déclaré l'accusée coupable de meurtre au second degré. L'accusée a contesté ce verdict devant la Cour d'appel du Québec pour les motifs suivants :

insuffisance des directives du juge Desjardins aux membres du jury ; déraisonnabilité du verdict du jury, qui ne pouvait s'appuyer sur la preuve présentée ; peine cruelle et inusitée, dans le cas d'une femme battue, allant à l'encontre de l'article 12 de la Charte canadienne des droits et libertés (1982).

L'insuffisance des directives du juge a eu comme conséquence d'amener le jury à prononcer un verdict inapproprié. La défense allègue donc le verdict déraisonnable comme second motif d'appel conditionné par l'existence du premier (p. 16). La Cour d'appel a jugé que les déficiences dans les directives du juge ont provoqué un verdict déraisonnable de la part du jury et décidé d'acquitter l'accusée de la condamnation pour meurtre au second degré prononcée en première instance.

Au terme de cette analyse d'impact, nous constatons, à l'instar d'autres auteures, notamment Poulin, que l'histoire du droit à la légitime défense a été marquée par une pratique hautement discriminatoire, puisque le recours à cette défense, jusqu'à l'arrêt *Lavalle*e, était inadmissible en situation de violence conjugale. Cette discrimination résulte en partie de la condition juridique des femmes et du concept de l'homme raisonnable.

Un système juridique inéquitable

La condition juridique des femmes a été et demeure conceptualisée par les valeurs de la société patriarcale. Selon Poulin, leur recours à la légitime défense a échoué en partie parce que celle-ci contrevient à « l'attitude de soumission, de subordination et d'obéissance » que la société patriarcale leur a imposée. L'interprétation de la loi sur la légitime défense constitue donc un exemple de la discrimination qui persiste à l'égard des femmes dans le domaine du droit. Le concept de « l'homme raisonnable » pose lui aussi obstacle au recours à la légitime défense par les femmes accusées du meurtre d'un conjoint violent. Ce concept a longtemps servi de référence pour évaluer « objectivement » le comportement des inculpés devant les tribunaux.

On a donc nié aux femmes le droit d'avoir véritablement recours à la légitime défense, et cela serait lié en partie à leur statut juridique et au concept de l'homme raisonnable. Il ne s'agit pas tant de la « lettre » que de l'esprit et de l'interprétation de la loi. Bien que le droit à l'égalité soit enchâssé dans la Charte depuis 1982 et que le droit d'invoquer la légitime défense ait été établi *de jure*, l'interprétation *de facto* de cette défense restreint ou empêche (ou, selon l'expression de Poulin, « sabote ») son application dans le cadre de procès où l'accusée est une femme battue. Or, ce sont des facteurs tels que « l'identité de la personne qui tue par rapport à l'identité de la personne tuée, les préjugés, stéréotypes et idées reçues et une perception axée uniquement sur l'aspect défensif de la légitime défense » qui réduisent la portée pratique de cette défense (Poulin 2001 : 123).

Selon Boisvert (1991), Frigon (1996, 1999b), Frigon et Viau (2000) et Poulin (2001), un des aspects les plus intéressants de l'arrêt *Lavallee* est l'inclusion du point de vue des femmes dans le concept de la personne raisonnable. Premièrement, la Cour suprême a statué que l'attaque illégale peut être constituée autant par des menaces verbales que par des actes ou des gestes. Deuxièmement, elle a mis en question la conception traditionnelle de l'attaque imminente en considérant l'attaque prévisible dans la perspective de la personne agressée. Finalement, elle a reconnu que la notion de danger est propre à chaque sexe et que l'action défensive d'une femme battue pouvait survenir après une confrontation pour assurer sa sécurité face au prochain épisode de violence.

Un autre aspect d'importance primordiale dans l'arrêt *Lavallee* est l'admission de la preuve du syndrome de la femme battue afin d'empêcher les stéréotypes rattachés à la violence conjugale d'entacher le processus judiciaire. Selon Poulin, la fin pour laquelle le syndrome a été admis est louable mais le moyen pour y parvenir l'est moins. En effet, elle écrit : « La psychiatrisation des conséquences des "menaces antérieures" par le moyen du syndrome vient en quelque sorte entacher la crédibilité des femmes et leur donner mauvaise presse dans la population en accréditant l'idée qu'elles ont agi sous l'excuse de l'anomalie mentale » (Poulin 2001 : 124). Comme l'illustre également l'affaire *Staudinger* à Rouyn-Noranda, le fait qu'on conteste la pertinence du témoignage d'une intervenante auprès de femmes violentées à titre d'expert témoin sur la question de ce syndrome en dit long sur qui détient l'« expertise » à ce sujet et comment le SFB demeure une affaire de « psy ».

L'admission de la preuve du syndrome de la femme battue permise par la décision *Lavallee* devait élargir l'accès au recours à la légitime défense. Tel n'a pas été le cas. On pourrait conclure avec Poulin qu'une des causes principales de la réticence à l'égard de la légitime défense est la nature des liens qui unissent la femme battue à son agresseur et surtout les « reliquats d'un statut de mineure qui lui a été conféré pendant si longtemps sur le plan juridique ». Il semble que la nature des liens peut en effet expliquer les décisions *Tran, Catholique, Dunlap* et *Trombley,* où des conjointes qui se sont défendues pendant l'attaque n'ont pu pour autant plaider la légitime défense.

L'affaire *Pétel* appuie cette hypothèse puisque la portée des menaces antérieures a été prise en compte, en l'absence de lien conjugal entre l'agressée et l'agresseur. L'accusée a soutenu que sa crainte de mourir était justifiée par l'ensemble des menaces dont elle avait été victime jusqu'alors.

On peut ainsi voir se profiler deux poids, deux mesures relativement à la légitime défense. En effet, les hommes victimes d'agresseurs réputés violents n'ont pas à se soumettre à une expertise psychiatrique qui diagnostiquera chez eux une pathologie qui leur « mériterait » le droit à la légitime défense. L'accès à la légitime défense est pour eux moins complexe et ne porte pas atteinte à leur dignité ni à leur crédibilité, puisque la défense n'a qu'à réunir les conditions prévues par la loi et à prouver la propension à la violence de l'agresseur envers l'accusé ou envers d'autres personnes. La règle de la propension à la violence ne requiert pas d'explication psychiatrique et présente l'avantage d'être comprise plus aisément que le syndrome de la femme battue. La preuve de la propension à la violence comporte en outre de nombreux avantages par rapport à la preuve du syndrome de la femme battue. Elle met l'accent sur le passé de l'agresseur plutôt que sur les troubles de comportement engendrés chez l'accusée par les agressions de son conjoint. Ainsi, elle ne nécessite pas de recourir à un expert pour expliquer l'état d'esprit des victimes d'attaques répétées de la part d'un même agresseur. Bref, il existe un réel *double standard* en matière de légitime défense.

On conseille donc à la femme battue de plaider l'homicide involontaire coupable plutôt que de risquer d'échouer en plaidant la légitime défense et d'être incarcérée à perpétuité pour meurtre. Selon Poulin, la jurisprudence en matière de légitime défense « laisse planer des doutes sérieux sur l'universalité du principe de l'égalité devant la loi » (2001 : 129).

L'équité en ce qui a trait à la légitime défense relève non seulement du texte de loi, mais surtout de l'interprétation qu'en font les tribunaux :

> Lorsqu'on acceptera l'aspect préventif de la légitime défense dans tous les cas de violence sérielle commise par un même agresseur, lorsqu'on introduira la preuve de la propension à la violence de l'agresseur à l'intérieur du cadre conjugal, lorsqu'on bannira la règle du double standard qui gouverne encore ce régime légal, les femmes battues pourront accéder à ce recours dans la dignité et la crédibilité sans porter ombrage au traitement des autres cas de légitime défense (Poulin 2001 : 129).

La négociation d'un plaidoyer de culpabilité d'homicide involontaire contre l'abandon d'une accusation de meurtre demeure pratique courante, même depuis l'arrêt *Lavallee*.

Comme le rappellent Frigon et Viau (2000), Poulin (2001) et Sheehy (2001), le choix des femmes battues de plaider coupable à une accusation d'homicide involontaire plutôt que de subir un procès dont l'issue est incertaine est dicté par leur vulnérabilité financière ainsi que par leur volonté de mettre fin aux tracas engendrés par leur situation de victimes de violence. La forte probabilité d'échec du recours à la légitime défense pèse lourd dans leur décision. Il faut rappeler à cet égard qu'un échec à faire valoir la légitime défense entraîne une condamnation pour meurtre, ce qui a pour effet de retirer au juge tout pouvoir discrétionnaire quant à la détermination de la peine et de l'obliger à imposer l'emprisonnement à vie, conformément au Code criminel. Et c'est là que réside un des problèmes fondamentaux (Frigon et Viau 2000, Sheehy 2001).

Ainsi, même si ses acquis sont limités, l'arrêt *Lavallee* implique néanmoins un changement paradigmatique en permettant l'application de la légitime défense au maricide, mais il est fort possible que des femmes jugées selon les critères traditionnels insensibles à leur réalité aient pu faire l'objet de condamnations injustifiées. C'est dans ce contexte de changement juridique que la Société Elizabeth Fry a entrepris des démarches auprès des autorités et a exercé des pressions afin d'obtenir la révision des dossiers de femmes condamnées pour homicide qui n'ont pas bénéficié du contexte plus favorable découlant de l'arrêt *Lavallee*.

L'*Examen de la légitime défense* de la juge Ratushny

En octobre 1995, à la suite de la décison *Lavallee* (1990) et des pressions exercées par l'Association canadienne des Sociétés Elizabeth Fry (ACSEF) réclamant un réexamen des dossiers de femmes condamnées pour homicide, le ministre de la Justice Allan Rock et le solliciteur général Herb Gray ont mandaté la juge Lynn Ratushny de la Cour de justice de l'Ontario (Division provinciale)[22] pour entreprendre l'examen des cas des femmes condamnées au Canada pour homicide[23] dans un contexte de violence. Dans le cadre de son mandat, la juge devait examiner les dispositions législatives concernant la légitime défense, faire des recommandations sur les possibilités de réforme et sur les recours possibles des requérantes.

L'objet de l'examen

À partir d'une liste fournie par le Service correctionnel du Canada, 236 femmes ont été contactées[24] et 98 d'entre elles ont fait une demande de révision. Sur ces 98 femmes, on compte :

- 55 femmes condamnées pour homicide et purgeant une peine d'emprisonnement ;
- 26 femmes condamnées pour homicide en libération conditionnelle ou en probation ;
- 5 femmes condamnées pour tentative de meurtre, complot pour meurtre ou incitation au meurtre (contrairement à une condamnation pour homicide) ;

---

22. La juge Ratushny avait rendu un jugement remarqué dans la cause d'une femme ayant tué son conjoint violent en Ontario (*Bennett n° 1*) en examinant la question de légitime défense à la lumière des expériences de victimisation antérieures vécues par l'accusée.
23. On constate à la lecture du rapport que la juge Ratushny a interprété son mandat de façon plus large pour inclure également les cas de femmes condamnées pour des crimes autres que des homicides, tels des tentatives de meurtre et des complots pour meurtre.
24. Des représentantes de la Société Elizabeth Fry ont contacté toutes les femmes dans le but de leur expliquer les objectifs de cet examen, de leur dire qu'il ne s'agissait pas d'un autre procès et que le processus, à la différence du processus judiciaire traditionnel, serait non contradictoire (*non adversarial*).

- 2 femmes condamnées pour homicide ayant purgé leur sentence ;
- 10 autres dont 8 qui ont porté leur cause en appel, une qui a été condamnée pour homicide et qui a interjeté appel pour finalement retirer son appel à la Cour suprême du Canada, et une autre qui a été condamnée pour homicide et qui, pendant l'Examen, était en liberté illégale, puis a été finalement arrêtée et remise en détention.

Plus de la moitié des requérantes avaient tué leur conjoint, les autres victimes étant des enfants, d'autres membres de la famille ou encore des étrangers. La distribution géographique du lieu de l'homicide est la suivante : Ontario (35), Québec (18), Alberta (14), Saskatchewan (9), Nouvelle-Écosse (8), Colombie-Britannique (6), Manitoba (6), les Territoires du Nord-Ouest (1) et Yukon (1).

C'est d'abord à partir des dossiers des tribunaux et des services correctionnels (transcriptions de procès[25], histoire sociale des femmes condamnées, renseignements sur leur expérience de victimisation dans certains cas) que les cas ont été analysés, puis à l'aide d'entrevues avec les femmes répondant aux critères de révision élaborés par la juge Ratushny[26] de concert avec les avocats de la défense et les avocats de la Couronne. Des archives d'institutions ont aussi été consultées et les personnes suggérées par les requérantes ont été contactées. Les demandes étaient classées en trois catégories : 1) celles où des éléments de preuve pouvaient soutenir une défense de légitime défense ; 2) celles où la légitime défense apparaissait peu probable ; 3) celles où il n'y avait pas d'éléments de preuve appuyant la défense de légitime défense.

---

25. Il est important de noter que certains dossiers sont détruits après deux ans dans certaines provinces, comme c'est le cas de la Nouvelle-Écosse, rendant ainsi l'examen des dossiers de certaines femmes incomplet.
26. La juge Ratushny a rencontré 14 requérantes dont les cas lui semblaient justifier une recommandation positive, mais toutes les requérantes ont reçu l'aide et le soutien d'un conseiller juridique.

À propos des critères d'analyse

Selon la juge Ratushny, l'impact de l'arrêt *Lavallee* va bien au-delà d'une simple admissibilité du syndrome de la femme battue (Ratushny 1997 : 50). Cet arrêt remet en cause la définition même de la notion de légitime défense, permettant de considérer l'ensemble des circonstances entourant l'homicide et ayant pu influencer la perception de son auteur quant à la menace qui pesait sur lui et quant à la nécessité d'y réagir en recourant à la force létale. Dès lors, ce n'étaient plus seulement des cas semblables à l'affaire *Lavallee* qui pouvaient être examinés par la juge Ratushny mais tout un éventail d'autres situations où le passé de la condamnée, y compris les abus dont elle avait été victime le cas échéant, pouvait avoir influencé sa perception des risques qu'elle courait et auxquels elle croyait devoir réagir d'une façon violente pour préserver son intégrité physique (p. 51-52). Les cas de femmes ayant été victimes de violence conjugale et ayant commis un maricide ont été examinés, mais une série d'autres types d'homicide ont également fait partie de l'examen.

L'examen présentait de nombreux défis et difficultés pour la juge Ratushny, car certaines femmes avaient été condamnées avant l'arrêt *Lavallee* et d'autres après. Certaines avaient été condamnées pour meurtre, tandis que d'autres avaient soit plaidé coupable, soit été déclarées coupables d'infractions moins graves, tel l'homicide involontaire coupable. Quelques-unes avaient fini de purger leur peine ou bénéficiaient d'une libération conditionnelle.

Les recommandations

L'*Examen de la légitime défense (ELD)* comprend deux types de recommandations : les premières peuvent avoir un effet direct sur la situation des condamnées ayant accepté de soumettre leur dossier à la juge Ratushny, tandis que les secondes sont susceptibles de modifier le recours à la légitime défense lors des procès à venir.

Les 98 dossiers examinés

Selon les critères qu'elle a adoptés, la juge Ratushny n'a recommandé le pardon que dans les seuls cas où l'examen du dossier l'amenait à conclure à l'existence d'une preuve qui susciterait un doute dans l'esprit du juge relativement à la légitime défense. Par ailleurs, si l'examen révélait l'existence d'une preuve moins solide mais constituant néanmoins un fondement raisonnable pour douter du bien-fondé de la condamnation, une recommandation de nouveau procès lui paraissait plus appropriée (p. 100-101).

La juge a de plus examiné des cas qui, selon son appréciation du dossier, ne justifiaient pas un acquittement fondé sur la légitime défense mais où, à cause des circonstances, l'accusée aurait dû être condamnée pour une infraction moindre ou se voir imposer une sentence moins lourde en raison d'une preuve n'ayant pas été soumise à la considération du tribunal au moment du prononcé de la peine (p. 105).

Bien que son mandat se limitait à examiner la pertinence d'une preuve de légitime défense, la juge Ratushny s'est permis de considérer aussi la possibilité pour la requérante d'invoquer la défense de provocation (voir Côté 1994, pour une analyse de la défense de provocation ainsi que Frigon et Viau 2000, pour une discussion plus détaillée).

Les résultats peuvent sembler décevants. En effet, l'examen des 98 dossiers n'a conduit qu'à 7 recommandations. La juge Ratushny résume les dossiers des 91 requérantes dont l'allégation de légitime défense n'a pas été retenue et pour lesquels aucune autre recommandation n'a été faite. En voici les grandes lignes pour les cas les plus importants :

- 9 requérantes dont l'appel était en cours, ce qui les excluait du processus d'examen ;

- 9 requérantes qui ont retiré leur demande ou se sont désistées ;
- 18 requérantes qui soutenaient n'avoir pas tué ni participé au meurtre[27] ;
- 19 requérantes dont l'allégation de légitime défense ne semblait pas avoir une apparence de vraisemblance pour d'autres motifs ;
- 8 requérantes dont les condamnations étaient postérieures à l'arrêt *Lavallee*, parce qu'il n'y avait pas d'éléments de preuve « nouveaux » ou dont l'importance n'avait pas été correctement appréciée ;
- 10 requérantes pour lesquelles il n'y avait pas de preuve indiquant qu'elles risquaient réellement d'être tuées ou de subir des lésions corporelles graves à cause de l'agresseur ;
- 6 requérantes pour lesquelles il y avait absence de preuve démontrant qu'elles croyaient réellement qu'il était nécessaire de causer la mort de l'agresseur ou de lui faire subir des lésions corporelles graves pour se protéger.

Il faut souligner qu'il est difficile de se prononcer sur le bien-fondé de ces décisions (qu'elles aient donné lieu à un rejet ou à une recommandation) dans la mesure où, par souci de confidentialité, les renseignements contenus dans le rapport sont souvent fragmentaires. Parmi les dossiers qui ont fait l'objet d'une recommandation, quatre concernaient des affaires jugées avant l'arrêt *Lavallee*, soit en 1978 (2) et en 1985 (1), trois cas où les justiciables avaient été condamnées pour meurtre au second degré, et en 1987 (1), dans un cas de meurtre au premier degré. La juge Ratushny a conclu que, dans aucun de ces cas, la légitime défense n'aurait pu entraîner un acquittement. Dans les trois premiers, la juge estime que la défense de provocation aurait dû être invoquée afin

27. Quinze de ces 18 requérantes ont été avisées, en vertu de l'article 690 du Code criminel, de la possibilité de transmettre leurs dossiers aux responsables au ministère de la Justice chargés d'examiner de telles demandes.

d'obtenir une condamnation pour homicide involontaire coupable plutôt que pour meurtre, de sorte que la peine minimale d'emprisonnement à perpétuité n'aurait pas été imposée à ces femmes. Dans le dernier cas, la juge est d'avis que la preuve relative à la légitime défense aurait pu susciter un doute quant à la préméditation du crime et réduire ainsi l'accusation de meurtre au premier degré à celle de meurtre au second degré, écourtant la période d'irrecevabilité d'une libération conditionnelle (qui est de 25 ans dans le cas d'un meurtre au premier degré mais entre 10 et 25 ans pour un meurtre au second degré).

Les trois autres dossiers concernent des condamnations pour homicide involontaire coupable prononcées en 1991. Dans ces cas, on peut supposer que les procès se sont déroulés après l'arrêt *Lavallee* et qu'ils ont été soumis aux critères plus exigeants retenus par la juge Ratushny. Dans les trois cas, elle en arrive toutefois à la conclusion que les justiciables auraient dû bénéficier d'un acquittement. De fait, rien ne nous permet de savoir si ces femmes ont subi un procès ou si elles ont plutôt choisi de plaider coupable à une accusation réduite d'homicide involontaire coupable au lieu de soumettre à l'appréciation du jury une preuve de légitime défense. Si tel est le cas, on peut penser que la sentence a pu résulter de négociations entre la Couronne et la défense pour faire des représentations communes au tribunal, comme cela arrive souvent dans le cas d'une négociation de plaidoyer.

Au total, les sept recommandations de la juge Ratushny comprenaient trois pardons absolus, trois commutations de peine et un renvoi devant le tribunal. Que peut-on conclure d'un nombre aussi restreint de recommandations ? Selon Guéricolas (1998), la Société Elizabeth Fry, « [l]'organisme canadien, qui a milité activement pour que les femmes battues puissent invoquer la légitime défense, déplore la frilosité des pouvoirs publics dans ce dossier ». En effet, non seulement le nombre de recommandations est minime mais, de surcroît, selon Nathalie Duhamel, directrice générale de la

Société Elizabeth Fry du Québec pendant plus de dix ans, « le ministre de la Justice n'a pas suivi les recommandations de la juge Ratushny en éliminant deux cas et en maintenant des condamnations pour les autres » (Guéricolas 1998 : 29). En fait, sur les trois recommandations de pardon, les ministres en ont refusé deux et ont exercé la prérogative de clémence dans le troisième cas. De même, deux des trois demandes de commutation de peine ont été refusées. Dans le cas du renvoi devant le tribunal, la demande d'aller en appel a été octroyée, et cette demande a été entendue à la Cour d'appel du Manitoba. Dans ce dossier, celui de Mme Gruenke[28], la question était de savoir si l'information obtenue durant l'entrevue avec le Comité était admissible comme nouvelle preuve. La Cour d'appel a décidé que l'information était inadmissible comme nouvel élément de preuve, et ce jugement a été confirmé par la Cour suprême ; le pourvoi a été rejeté.

Les propositions de réforme

Les recommandations de réformes de la juge Ratushny touchent non seulement la définition de la légitime défense mais aussi les règles de droit et les pratiques de poursuite en matière de meurtre. Premièrement, pour de ce qui est de la définition de la légitime défense, même si la juge Ratushny n'a pas constaté qu'un nombre important de justiciables avaient été injustement condamnées, les 98 dossiers étudiés dans le cadre de son examen l'ont néanmoins convaincue de la nécessité d'une réforme du droit de la légitime défense et d'instructions plus précises pour faciliter la tâche des juges qui doivent instruire des jurys.

Il y a un consensus, tant social que juridique, sur la nécessité d'une telle réforme. La Commission de réforme du droit (1987), l'Association du Barreau canadien (1993) et le ministère

28. *R. c. Gruenke,* [2000] 1 S.C.R. 836 (C.S.C.).

de la Justice du Canada (1993, 1994) ainsi qu'un regroupement de juristes féministes (Boyle *et al.* 1985) ont tour à tour proposé une nouvelle définition de la légitime défense, que la juge Ratushny a commentée sans pour autant en endosser les conclusions et recommandations. Celle-ci a plutôt proposé sa propre version d'une nouvelle définition de la légitime défense. Elle suggère que le Code criminel précise le sens qu'il faut donner au mot « raisonnable » et les facteurs qu'il faut prendre en considération pour apprécier le caractère raisonnable de la conduite dans le contexte de la légitime défense.

Les constatations de la juge Ratushny devraient être prises au sérieux par le gouvernement étant donné la richesse des données dont elle disposait. Le gouvernement devrait en outre s'inspirer de sa proposition dans la rédaction d'amendements législatifs permettant de simplifier le droit de la légitime défense et de tenir compte de la réalité des femmes justiciables.

Deuxièmement, au sujet d'une réforme du droit et des pratiques de poursuite en matière de meurtre, la juge Ratushny a constaté que la peine minimale d'emprisonnement à perpétuité assortie d'une longue période d'incarcération obligatoire avait des effets pervers. Comme le rapportent Frigon et Viau :

> En effet, faisant face à une accusation de meurtre, plusieurs justiciables subissent des pressions énormes pour plaider coupable à une accusation réduite d'homicide involontaire coupable plutôt que de faire valoir, même dans les cas où les circonstances y donnent clairement ouverture, un plaidoyer de légitime défense. En effet, en cas d'échec de la défense et donc, de verdict de culpabilité, le tribunal est laissé sans aucune discrétion pour mitiger la peine (2000 : 114).

Il est indéniable que tout procès comporte des risques de condamnation, même dans les cas où un témoignage d'expert soutient avec vigueur une défense de légitime défense en se fondant sur le syndrome de la femme battue. L'arrêt récent de la Cour suprême du Canada dans l'affaire *Malott* (1998) l'illustre éloquemment. Le psychiatre qui a témoigné dans cette affaire a soutenu que l'accusée représentait « l'un des cas les plus graves » de syndrome de la femme battue qu'il ait jamais observé (*R.* c. *Malott*, paragr. 45). Cela n'a pas empêché un jury bien instruit en droit et constitué très majoritairement de femmes (10 femmes, 2 hommes) de conclure à la culpabilité de l'accusée à une accusation de meurtre au second degré pour avoir tué son conjoint violent. Dans ces conditions, Mme Malott n'aurait-elle pas été avisée de plaider coupable à une accusation réduite plutôt que de risquer la condamnation à perpétuité ? La juge Ratushny a également constaté que, dans les cas où la Couronne a accepté un plaidoyer de culpabilité à une accusation réduite, tous les faits qui auraient appuyé une preuve de légitime défense ne sont pas portés à l'attention du juge (Frigon et Viau 2000). Certaines circonstances atténuantes n'ayant pas été portées à l'attention du juge, la sentence imposée est donc plus sévère que celle qui serait justifiée par l'ensemble des circonstances.

C'est là un problème de nature systémique (Ratushny 1997 : 164) qui pourrait être solutionné par un amendement législatif qui abolirait le caractère automatique de la peine d'emprisonnement à perpétuité dans les cas de meurtre au second degré. Cependant, même sans un tel amendement, il est possible d'améliorer les choses. À cette fin, la juge Ratushny formule trois recommandations qui concernent les pratiques de poursuite des policiers et procureurs de la Couronne (Ratushny 1997 : 199). En premier lieu, elle recommande que, dans tous les cas d'homicide, la police soit tenue de consulter le procureur dans le but de s'assurer que l'accusation portée (meurtre au premier degré, meurtre au second degré et homicide involontaire) est appropriée dans les circonstances. En deuxième lieu, elle recommande qu'on examine *toutes* les preuves disponibles pouvant établir une défense de légitime défense, afin de déterminer s'il est approprié de poursuivre le dossier. En troisième lieu, elle suggère de faire preuve de prudence et d'accorder une attention particulière aux plaidoyers de culpabilité à des accusations réduites lorsqu'il semble y avoir une preuve de légitime défense.

D'ailleurs, il est éloquent de constater que la Cour d'appel du Québec, lorsqu'elle s'est penchée sur l'appel d'une condamnation pour meurtre (*R.* c. *Vaillancourt*, 1999), lui a substitué un acquittement plutôt que d'ordonner un nouveau procès, arguant que l'accusée avait agi en légitime défense selon les enseignements de l'arrêt *Lavallee*. Peut-on en conclure que, dès le départ, il n'y avait pas lieu de porter une accusation, tout comme dans l'affaire *Malott* ?

Conclusion

L'*Examen de la légitime défense (ELD)* a fait l'objet de diverses critiques et celles-ci sont de deux ordres : elles concernent premièrement la démarche et les critères de l'examen, et deuxièmement, les recommandations qui en découlent (Guéricolas 1998, Frigon et Viau 2000, Sheehy 2000).

Selon Sheehy (2000), les critères de révision élaborés par la juge Ratushny sont nettement inappropriés, car ils ne sont pas assez flexibles pour rendre compte de la réalité de ces femmes et des circonstances particulières dans lesquelles elles ont commis leur crime. Malgré les efforts déployés par la juge Ratushny, Sheehy considère que le point de vue des femmes n'a pas suffisamment prévalu. Sheehy souligne aussi, comme nous l'avons fait plus haut, le fait que l'examen de certains dossiers ait été incomplet : plusieurs dossiers, par exemple, sont détruits après deux ans dans certaines provinces, notamment en Nouvelle-Écosse.

Malgré tout, on doit constater que l'exercice n'a pas été futile puisqu'il aura permis de corriger certaines injustices. Il faut cependant déplorer le fait que l'*ELD* soit peu susceptible d'entraîner de profonds changements dans la vie des femmes aux prises avec la justice. Ainsi, il ne nous semble pas avoir la même portée sociale ni la même valeur éducative que le rapport Arbour[29] (1996). Telles sont sans doute les limites du mandat qui fut confié à la juge Ratushny et des moyens mis à sa disposition pour s'en acquitter (Ratushny 1997 : 28-29).

La richesse des informations contenues dans les 98 dossiers analysés dans le cadre de l'*ELD* mériterait que l'on s'y attarde dans une perspective de recherche sociojuridique plus large sur le maricide. Une telle recherche pourrait révéler la prévalence du syndrome de la femme battue chez les auteures de maricide et d'autres formes d'homicide. Ainsi pourrait-on mieux comprendre les conséquences des abus dont certaines femmes sont victimes pour faire ressortir le

29. On se rappellera que la juge Arbour avait mené une enquête sur les événements survenus à la Prison des femmes de Kingston en 1994. Les fouilles à nu de certaines détenues avaient fait l'objet de l'émission *The Fifth Estate*, ce qui avait provoqué un scandale et un tollé dans la population canadienne et même ailleurs dans le monde. Ce fut l'une des principales raisons qui a amené le gouvernement canadien à faire la lumière sur cette affaire. Arbour (devenue par la suite juge à la Cour pénale internationale et maintenant juge à la Cour suprême du Canada) bénéficiait d'une certaine sympathie du public et même des autorités correctionnelles dans le contexte de réformes sur les conditions d'incarcération des femmes pendant cette période (Frigon 2002). En revanche, Ratushny n'a jamais pu compter sur un tel appui, qu'il soit social ou juridique. Les femmes homicidaires ne suscitent pas de sympathie même si leurs gestes peuvent avoir été commis dans un contexte de légitime défense. Si la juge Ratushny a tout de même bénéficié du soutien de différents groupes, elle a dû faire face à beaucoup de résistances durant son travail et au moment du dépôt de son rapport (Ratushny 1997 : 17-18). Il faudrait aussi mentionner que le procès de Karla Homolka faisait alors partie du « décor » et allait durcir l'opinion publique. Un examen beaucoup plus détaillé et rigoureux de l'« affaire » Karla Homolka serait nécessaire afin de mieux en saisir les enjeux et ramifications.

continuum victimisation/criminalisation dans le cas des femmes maricides et homicidaires.

Dans le prochain chapitre, nous reviendrons sur la question du syndrome de la femme battue dans le cadre d'une recherche ethnographique portant sur les récits et les parcours de femmes maricides ainsi que sur les témoignages d'experts de divers milieux.

Chapitre 3

Des paroles et des femmes maricides : ici et ailleurs, des femmes se racontent...

Tu ne peux imaginer cette délivrance après l'aveu, après l'aveu – lorsque, la place nette, on peut recommencer sa vie [...]. Il suffisait à Thérèse d'avoir résolu de tout dire pour déjà connaître, en effet, une sorte de desserrement délicieux.

Que lui dirait-elle ? Par quel aveu commencer ? Des paroles suffisent-elles à contenir cet enchaînement confus de désirs, de résolutions, d'actes imprévisibles ? [...] Je n'ai jamais su vers quoi tendait cette puissance forcenée en moi et hors de moi : ce qu'elle détruisait sur sa route, j'en étais moi-même terrifiée [...].

François Mauriac, 1927,
Thérèse Desqueyroux, p. 22.

[...] il m'a coupé le tendon, il m'a visé la tête. Après, j'ai tellement eu de coups au sein, on a dû m'enlever une tumeur au sein. Il me battait beaucoup, il me prenait les cheveux

Charlotte, 54 ans, France.

Pour faire suite aux données historiques (chapitre 1) et socio-juridiques (chapitre 2), nous avons voulu, dans ce dernier chapitre, donner la parole aux femmes condamnées pour l'homicide de leur conjoint (légal ou de fait) ainsi qu'au personnel professionnel travaillant dans le domaine juridique, social, carcéral ou psychiatrique et ayant une expertise en matière de maricide. Pour ce faire, nous aborderons cinq thèmes majeurs articulés autour de deux grands axes. Le premier axe, qu'on pourrait nommer *en aval*, c'est-à-dire qui gravite autour du passage à l'acte, qui vient après le passage à l'acte et/ou ayant pu provoquer le passage à l'acte, comprend : 1) les facteurs qui ont conduit ces femmes à l'acte ; 2) les réactions des femmes après le geste ; 3) le traitement pénal qui leur est réservé. Le deuxième axe, qu'on pourrait nommer *en amont*, c'est-à-dire qui précède le passage à l'acte, réfère à l'élaboration de la logique pénale, des règles juridiques ainsi que des perceptions qui nourrissent et perpétuent les représentations sociales de la violence des femmes. Cet axe est constitué de deux thèmes principaux, soit : 1) les femmes et la logique pénale ; 2) les perceptions et les représentations sociales de la violence des femmes comparativement à la violence des hommes.

Histoire d'une enquête

Écouter la parole des femmes nous permettra de mieux répondre à un ensemble de questions : Quelle est la signification de ce geste pour les femmes ? Comment s'inscrit-il dans leur histoire de vie ? Quels sont les facteurs déclencheurs ? Y a-t-il un déclic ? Quelles sont leurs réactions après le passage à l'acte ? Quel est le traitement pénal ? Où les femmes se situent-elles dans cette logique pénale ?

Nous avons favorisé l'approche qualitative de type biographique (récits de vie), car elle confère un statut privilégié à la personne interviewée. De plus, l'entretien non directif nous offre une plus grande ouverture et flexibilité, et permet d'explorer le sujet complexe et très sensible qu'est le maricide. Cette technique part du principe que l'enquêtée est la mieux placée pour parler du sujet abordé. Nous adoptons donc les postulats du féminisme de l'expérience (*standpoint feminism*), selon lesquels les expériences des femmes sont une source légitime et même incontournable de connaissance (Harding 1986, 1991). À l'aide d'une consigne large et d'une grille thématique complémentaire, nous avons exploré un certain nombre de thèmes et de sous-thèmes, car, même si nous avons opté pour une technique d'observation dite non directive, une série de questions et d'hypothèses en découlaient. Par exemple, nous nous posions les questions suivantes : Quelles étaient les raisons du passage à l'acte ? Ces femmes avaient-elles été victimes de leur agresseur ? Comment considéraient-elles leur geste meurtrier ?

En ce qui concerne l'échantillonnage et le déroulement des entretiens, nous avons affaire à deux groupes de personnes interviewées : un échantillon principal et un échantillon satellite dans trois pays différents[1]. L'échantillon principal est composé de 14 femmes au Canada et de 8 femmes en France et en Belgique, alors que l'échantillon satellite comporte 7 personnes-ressources et spécialistes de différents secteurs au sein de l'appareil judiciaire au Canada et 2 en France et en Belgique. Cet échantillon est dit « satellite » parce qu'il ne constitue pas le groupe principal ni le point de mire de l'étude comme tel, mais il nous permet de mieux comprendre l'échantillon principal et d'avoir des pistes d'analyse complémentaires.

Nous avons tenté de refléter une certaine diversité parmi les femmes constituant l'échantillon principal. Ainsi, les 14 femmes condamnées pour homicide conjugal (dont une pour tentative de meurtre) interviewées au Canada viennent

1. Nous n'avons pas comme objectif de comparer les systèmes de justice, mais plutôt d'écouter la voix des femmes afin de mieux comprendre le maricide.

de trois centres de détention différents ; certaines sont en probation ou en libération conditionnelle ou encore en maison de transition. Elles sont issues de milieux socio-économiques et ethniques variés, appartiennent à des groupes d'âge divers (24 à 50 ans), la plupart sont mères, purgent une peine de longueur différente (de trois ans jusqu'à la perpétuité), avec une portion variée de cette peine effectuée (début ou fin de peine) et d'autres sont en instance d'appel, par exemple.

En France et en Belgique, 8 femmes incarcérées pour maricide ou complicité de maricide, ou les deux à la fois, ont été interviewées. Elles sont âgées de 23 à 54 ans ; toutes sont mères, à l'exception d'une ; leurs peines varient de 5 à 18 ans ; elles ont purgé, au moment de l'entrevue, près de la moitié de leur peine en moyenne, soit de 2 à 9 années de détention ; elles viennent de milieux socio-économiques et culturels diversifiés[2].

Au Canada, les femmes ont été jointes de différentes manières entre 1994 et 1996. Par l'entremise de la Société Elizabeth Fry à Ottawa, nous avons pu rencontrer des femmes individuellement et à l'occasion des réunions du Battered Women's Group du pénitencier de Kingston en Ontario[3]. Nous avons participé à deux rencontres de ce groupe dans le but de faire connaître notre recherche. Nous avons également pu prendre contact avec des détenues de Kingston : grâce à la

---

2. Afin de préserver l'anonymat, des noms fictifs leur ont été assignés, et certains détails personnels, éliminés.
3. La Prison des femmes de Kingston en Ontario constituait jusqu'en 1996 le seul pénitencier pour femmes au Canada, mais certaines prisons provinciales avaient des ententes de service pour accueillir des détenues condamnées à une peine fédérale. C'était le cas, par exemple, de la Maison Tanguay à Montréal, de 1973 jusqu'à la fin des années 1990. La Prison des femmes a été remplacée par cinq nouveaux centres régionaux. Pour un historique et un bilan de la situation des femmes incarcérées, voir le numéro spécial de la revue *Criminologie* intitulé « Femmes et enfermement au Canada : une décennie de réformes », publié sous la direction de Sylvie Frigon à l'automne 2002.

présidente du comité des détenues, par un message sur Teledon (message télévisuel) et une rencontre avec la psychologue et les conseillères du service de psychologie, par l'intermédiaire desquelles des messages confidentiels pouvaient nous être adressés. Les contacts à la Maison Tanguay de Montréal nous ont été facilités par une conseillère spécialisée en milieu correctionnel et par la directrice des services professionnels[4]. D'autres noms nous ont également été fournis par des personnes-ressources, après que les femmes concernées eurent accepté de nous rencontrer.

Lors d'un premier séjour en France et en Belgique en novembre 1995, nous avons rencontré de façon officieuse plusieurs femmes ainsi que des personnes-ressources et des spécialistes à la Prison de Mons en Belgique ainsi qu'au Centre de détention de Bapaume, au Centre pénitentiaire de Rennes et à la Maison d'arrêt de Fleury-Merogis en France[5]. Lors de ce contact préliminaire, nous avons pris les dispositions nécessaires pour entamer une série d'entretiens officiels

4. Nous tenons à remercier Mme Aline White de la Maison Tanguay, pour sa précieuse collaboration. La Maison Tanguay recevait jusqu'au milieu de 1997 des femmes condamnées à des peines de deux ans et plus. Le nouveau centre régional de Joliette a maintenant ce mandat.

5. Nous tenons à remercier, en France, Mme Claude Faugeron pour son aide, le ministère de la Justice (Direction de l'administration pénitentiaire, Service de la communication, des études et des relations internationales) pour sa précieuse collaboration dans l'organisation des visites des différents centres et les directeurs et membres du personnel de détention. En Belgique, nous voulons remercier M. Pierre Reynaert, directeur de la Prison de Mons, qui a toujours été disponible pour l'organisation de nos visites, ainsi que les professionnelles et les professionnels qui ont bien voulu discuter avec nous. Des remerciements vont également à plus d'une quinzaine de femmes, de personnes-ressources et de spécialistes qui ont accepté de nous rencontrer lors de notre première visite.

qui allaient être enregistrés lors de notre second séjour en novembre 1996[6].

Au Canada, 21 personnes ont participé à notre étude, soit 14 femmes condamnées (sept venaient du pénitencier de Kingston, une de la Minimum House à Kingston, trois de la Maison Tanguay, une était en probation, une autre se trouvait en maison de transition et une dernière était en libération conditionnelle) et 7 personnes-ressources (une activiste travaillant auprès des femmes justiciables, une avocate, une psychologue en milieu carcéral, une conseillère spécialisée en milieu carcéral, une psychiatre et deux directrices de maison de transition). En France et en Belgique, 8 femmes condamnées incarcérées et 2 spécialistes (psychologue et psychiatre) ont participé aux entretiens officiels.

De manière générale, une première rencontre à caractère privé visait à expliquer aux femmes notre recherche, ses modalités et son processus. Une seule femme a refusé de nous accorder une entrevue enregistrée à la suite de cette première rencontre. L'entretien était réalisé la journée suivant cette rencontre ou un peu plus tard, selon les disponibilités des femmes. L'entretien enregistré a ensuite été transcrit mot à mot, ce qui nous a donné un corpus de plus de 1500 pages. Cette transcription était alors retournée aux interviewées (en nous assurant de la confidentialité). Cette étape, à notre avis, était cruciale et témoignait d'un grand respect pour les sujets de notre recherche, faisant en sorte qu'elles pouvaient apporter des corrections, des ajouts, car il est inévitable, lors d'une entrevue de deux heures (et même trois, dans quelques cas), d'oublier certaines choses ou de vouloir expliquer davantage certains points[7].

6. Cette fois, nous avons exclu la Maison d'arrêt de Fleury-Merogis qui reçoit les prévenues, car notre étude porte sur les femmes condamnées.
7. Pour des raisons de distance, nous n'avons pu procéder de cette manière en France et en Belgique. Une seule femme a apporté des corrections au texte de son entretien initial.

Ces 31 entretiens ont enfin été analysés. La première analyse, dite verticale, de chaque entretien a été effectuée, suivie d'une analyse horizontale, ce qui nous a permis d'établir des relations entre les entretiens (Michelat 1975).

Premier axe : éléments en aval du passage à l'acte

Dans ce premier axe, nous incluons des éléments qui viennent après le passage à l'acte et/ou ayant pu provoquer le passage à l'acte. Ce sont : 1) les facteurs qui ont conduit ces femmes à l'acte ; 2) leurs réactions après le geste meurtrier ; 3) le traitement pénal réservé à ces femmes.

1. *Les facteurs qui ont conduit à l'acte*

Plusieurs facteurs apparaissent dans la mise en récit des parcours des femmes lorsqu'elles parlent du passage à l'acte. Ces récits nous permettent de (re)situer leur parole dans un processus, comme expression de leur propre identité (DeGreef 1942). Dans la première partie, nous discuterons de la relation marquée d'abus et de contrôle installée dans l'histoire du couple, et les sous-thèmes suivants seront mis en relief : l'humiliation, l'isolement, le passé de violence et de victime chez certaines, le passage à l'acte comme geste libérateur, qui devient la seule issue envisageable. Dans la deuxième partie, nous aborderons la présence d'un « déclic » qui aboutit au passage à l'acte, et la troisième partie sera consacrée à l'impossibilité d'une rupture, laquelle aurait pu prévenir l'acte.

Les récits de ces femmes concordent avec d'autres études sur le maricide, aussi bien au Canada qu'ailleurs, à propos du contexte d'abus, de violence et de contrôle caractérisant la relation de couple (voir Frigon 1996, 1999a pour une bibliographie). Pour ces femmes, ce geste correspond à une stratégie d'autopréservation et se présente comme la seule issue possible. Il y a bien plus que la violence physique : il existe aussi de la violence psychologique, des contraintes et de l'humiliation. Josée, 24 ans, qui essaie de s'expliquer son geste meurtrier, raconte comment elle ne pouvait plus endurer la souffrance et le contrôle :

> Mais j'étais à un point dans ma vie où je n'en pouvais plus de souffrir. Je souffrais tellement [...]. J'étais vraiment traitée comme un chien. J'étais devenue une marionnette, une esclave. Je n'avais plus d'argent, même si c'est moi qui travaillais et je n'avais aucun contrôle. Il contrôlait ce que je mangeais, ce que je portais, toutes les dépenses de la maison (Josée, Canada).

Une autre jeune femme, de 23 ans, avait un conjoint qui buvait, qui la menaçait constamment de mort et la provoquait même à le tuer :

> [...] on vivait ensemble depuis deux ans, je suis tombée enceinte. Lui, il buvait, il me battait, ça a craqué [...]. À chaque fois, il me cherchait beaucoup. Il me donnait toujours un couteau pour que je le tue, mais je jetais toujours le couteau. Il était chasseur. Donc, le soir du drame, il a pris son fusil, il l'a chargé, il l'avait pointé sur moi parce qu'il avait toujours peur que je parte avec mon fils et que je le laisse. Moi, j'ai eu peur, j'ai retourné le fusil sur lui. S'il n'y avait pas eu le fusil chargé, je serais encore dehors (Françoise, Belgique).

L'humiliation peut prendre différentes formes. Lili, une Française, raconte que son conjoint n'était jamais satisfait de son travail domestique (ménage et cuisine) et de son apparence physique :

> J'essayais de faire du mieux possible à la maison au niveau ménage, au niveau de lui préparer à manger et tout ça. Ce n'était jamais assez bien. Pour me vêtir, c'était pareil. Il me disait : « Regarde à quoi tu ressembles, tu ressembles à une cloche, à ceci, à cela. » Ce n'était jamais des mots tendres. J'essayais de faire des efforts de mon côté ; de temps en

> temps, j'allais au coiffeur, je m'achetais une nouvelle petite robe parce qu'on n'avait pas trop les moyens au début de notre mariage. Lui, il ne voyait jamais rien quand je me faisais un peu coquette. Il me disait : « Regarde l'allure que tu as. »
>
> C'était : « T'es qu'une salope », des mots comme ça. Vraiment des mots qui font mal. Moi, je ne m'attendais pas à ça de mon mari. Moi, je l'aimais à la folie. Normal quand c'est notre premier amour. Ce n'est pas facile [...] : « T'es pas belle, ceci, cela. »

Cette destruction psychologique et cette humiliation préparent le terrain pour d'autres formes de contrôle. Comme le souligne Justine : « il tuait même mes animaux, après il s'en prenait à moi ». Également, selon Marie, psychiatre (Canada) : « C'est le conjoint qui bloque les téléphones, qui filtre les contacts, qui dit : "À telle heure il faut que tu sois revenue." Alors, à un moment donné, elle se trouve complètement seule. » Ainsi, la jalousie de l'homme rétrécit l'univers de la femme. Dans une union depuis dix ans, Lisa raconte que son conjoint était très possessif, que c'était « l'enfer », qu'elle était son esclave et qu'elle faisait ce qu'il voulait parce qu'il était très jaloux. Le conjoint d'une autre femme réclamait qu'elle soit toujours habillée, maquillée le matin en lui servant le petit déjeuner. Elle ne pouvait jamais flâner en chemise de nuit. Il ne le tolérait pas. De plus, tous les jours, lorsqu'elle revenait du travail, il lui faisait subir une inspection vaginale pour s'assurer qu'elle n'avait pas eu de rapports sexuels avec un autre homme. Ce climat de contrôle, d'isolement social cède progressivement la place à un climat de terreur.

Ainsi, le passage à l'acte est en fait vécu comme le résultat d'une situation sans solution et les femmes traduisent leur geste de la façon suivante : « C'était ma vie ou la sienne. » Elles avaient peur pour leur propre vie et pour celles de leurs enfants et de leur famille. Elles se sentaient en terrain miné. Les propos des femmes sur la signification profonde de leur geste sont fort éloquents :

> J'ai essayé de partir plusieurs fois et chaque fois j'allais me réfugier chez mes parents puisque je n'avais qu'eux. Plusieurs fois, il est venu me rechercher et je savais, comme il était très violent.
>
> [...]
>
> J'avais toujours peur de partir parce que je me disais : « Il va venir avec ses fusils. I1 va tuer mes parents. » C'était ça aussi. J'avais toujours peur que la nuit il se lève. Parce que souvent la nuit, c'est lui qui me réveillait. Il me tenait à la gorge comme ça. Souvent il me disait : « De toute façon, un jour, je te ferai mourir, je te ferai mourir. » Il me serrait, je sentais ses mains autour de mon cou. Alors j'ai essayé de me défendre du mieux que je pouvais [...]. Au moindre faux pas, j'avais toujours peur qu'il aille chercher les fusils (Lili, France).

> C'est-à-dire j'ai attendu le mariage de ma deuxième fille. Elle s'est mariée. J'ai dit : « Maintenant qu'elle s'est mariée, je vais te quitter. » Il m'a répondu : « Si tu me quittes, je te tue. » [...] Il est venu sur moi pour m'étrangler. Moi, à force d'être battue et blessée, j'ai frappé. J'ai pris, il y avait un couteau sur le lavabo, j'ai pris un couteau et j'ai tapé (Charlotte, France).

Le passage à l'acte devient un geste de libération, car il est souvent accompli pour être délivrée, faire cesser la souffrance physique et psychologique et mettre fin au climat de terreur. Ces femmes souffraient beaucoup, elles vivaient un cauchemar éveillé. Résultat de la terreur au quotidien, le geste a pour objet de faire cesser cette terreur et non nécessairement d'éliminer l'autre, selon Sophie, psychologue en milieu carcéral (Canada) :

> L'acte a comme but de faire cesser une terreur, une souffrance. Alors ces femmes ont beaucoup lutté contre le suicide, elles ont beaucoup lutté pour ne pas sombrer dans la maladie mentale. Ce sont des femmes qui ont souvent espéré même que leur conjoint les tue, ont souhaité enfin que ça arrive pour mettre fin à ce calvaire-là, finalement.

Elles sont à bout de souffle :

> Je ne pouvais plus supporter cette violence. Mon corps, mon âme, mon esprit en avaient assez (Liz, Canada).
>
> Quand il rentrait du travail, juste à entendre sa voix, pourtant il ne criait pas, mais juste à entendre sa voix, je tremblais. Je ne pouvais m'en empêcher. Même, il m'engueulait en me disant que j'étais folle, car je tremblais pour un rien. Mais juste à l'entendre, je savais que, pour un rien, il allait exploser (Françoise, Belgique).
>
> J'aurais pu réagir autrement, j'en suis consciente, bien sûr. Mais au moment où ça s'est passé, je ne vivais plus. Je ne pensais plus (Josée, Canada).

Le jour du meurtre, il survient quelque chose de particulier, d'anormal. Il y a une sorte de « déclic », selon les femmes interviewées. Elles peuvent prédire une violence inhabituelle. Par exemple, Jennie sentait que cette journée-là elle allait mourir. Son conjoint avait bu, elle sentait monter la tension, et elle se répétait :

> Je vais mourir samedi. Je vais mourir samedi [...]. Ah, je le savais, je le savais. Je savais que ça allait être samedi. S'il buvait du rhum, j'allais y goûter. Je le savais [...]. Je pouvais le prédire. C'était si bizarre [...]. On le sent. On sait que ça va arriver. Je savais que ça allait arriver (Jennie, Canada).

Très souvent, il s'est passé quelque chose qui fait qu'elles ne peuvent plus continuer[8] . Elles ont franchi une frontière et, parfois, c'est lorsque les enfants sont en question que survient

---

8. Qui plus est, chez certaines femmes, la violence de leur conjoint est en continuité avec la violence subie dans l'enfance. Il semble y avoir superposition d'images au moment du passage à l'acte. En effet, selon Manon, directrice d'une maison de transition au Canada, et d'autres spécialistes dans le domaine, les femmes tuent leur conjoint mais symboliquement elles tuent aussi un autre agresseur dans leur passé : un père incestueux, un beau-père violent, un agresseur sexuel, par exemple. Cette dimension mériterait une attention particulière.

ce déclic. Le seuil de tolérance est dépassé et l'insupportable est atteint. Deux paramètres importants entrent en jeu ici : l'accumulation de frustrations, de souffrances et de peurs, et la violence dans le couple qui atteint son paroxysme. Pour Vincent, psychiatre en milieu carcéral en France, c'est comme si « toucher à l'enfant, c'était un peu comme s'il touchait à un endroit de la personne où ce n'est plus possible. Il y a un au-delà, il y a un endroit où il ne faut pas toucher. Si tu touches à ça, tu es mort ».

Comme s'il y avait une frontière, un lieu où tout devient question de vie ou de mort et où l'on ne discute plus. Le geste meurtrier est une résultante, l'accumulation de toute une tranche de vie de couple difficile marquée d'abus, d'humiliation, de détresse, de terreur au quotidien. Finalement, ces femmes n'en peuvent plus de souffrir, elles veulent arrêter la souffrance, elles veulent vivre. Elles veulent préserver leur intégrité.

Le passage à l'acte survient après plusieurs années de violence, et il semble très difficile à ces femmes de partir, car elles espèrent que les choses vont s'arranger. Qui plus est, pour beaucoup d'entre elles, c'est comme si la rupture était impossible :

> C'est toujours : « Pourquoi tu n'es pas partie ? » Ça, c'est la question d'une de mes sœurs. « Pourquoi tu n'es pas partie avant ? Pourquoi tu as attendu si longtemps ? » J'ai toujours cru que ça allait s'arranger. J'ai toujours eu espoir, et ça ne s'est pas arrangé. Ça, c'est une chose qu'on me dit souvent : « Pourquoi as-tu attendu si longtemps ? » (Charlotte, France)

Cette question revient constamment, tel un leitmotiv, lorsqu'on parle des femmes qui ont tué leur conjoint violent. Souvent le conjoint les empêche de partir. Mais une chose est claire : la très grande majorité d'entre elles sont parties à un certain moment, mais pour de multiples raisons (les enfants, par exemple) elles sont revenues.

Pour d'autres femmes, malgré la séparation d'avec leur conjoint, l'emprise, la surveillance, la terreur et le contrôle persistaient et les étouffaient :

> Il se stationnait là et il surveillait tout. Une autre fois, il s'était stationné en face de la clinique, en face de chez nous dans la cour de la clinique [...]. Je suis divorcée, c'est lui qui a la garde [des enfants], mais *tabarnak*, moi, où est-ce que je respire encore dans ça ? Je suis chez nous, mais je ne peux pas être chez nous. Voyons donc ! Là, je vais être obligée de déménager à cause de lui ? Qu'il mange de la *marde*, je ne déménagerai pas (Kim, Canada).

Toutefois, la peur d'être retrouvée par un conjoint en colère est très présente dans le discours des femmes et souvent cette peur les paralyse, les empêchant ainsi de partir, car « la terre n'est pas assez grande » pour lui échapper. Dans ce contexte, le passage à l'acte a pour objet de faire cesser cette terreur, de préserver son intégrité et de reprendre un certain contrôle sur sa vie.

Maintenant que nous avons mis en relief des facteurs déterminants dans le passage à l'acte, nous allons examiner les réactions des femmes après leur geste.

2. *Les réactions des femmes après le crime*

Les heures, les jours, les mois qui suivent le meurtre sont hantés par des cauchemars. Certaines femmes croient encore que leur conjoint va revenir les blesser. Pour Françoise, tout était irréel. Elle ne réagissait pas, elle avait du mal à réaliser ce qui était arrivé et elle le vivait comme un cauchemar :

> J'étais complètement paumée. Pourtant, je ne prenais pas de cachet, rien, mais je l'étais complètement. Je ne réagissais pas, ce n'était qu'un rêve. J'allais me réveiller un jour. C'était un cauchemar [...] j'avais du mal à me le mettre en tête.

Elle a finalement été saisie par son geste et par la mort de son conjoint lorsqu'elle a pu bénéficier d'un congé temporaire de la prison, pendant lequel elle est allée se recueillir sur sa tombe :

> Je pense même que j'ai réagi quand je suis sortie, à ma première permission au mois de mai, il y a six mois à peu près. Je suis sortie en « perm » [congé] et j'ai demandé à ma sœur d'aller sur la tombe. Ma sœur ne voulait pas m'amener. J'ai insisté, elle m'a quand même amenée et c'est à partir de là que j'ai réalisé qu'il était mort. J'ai vu sa tombe et tout, j'ai réagi (Françoise, Belgique).

Elles ne peuvent s'imaginer que leur conjoint est mort. C'est l'irréalité du geste qui prédomine. Pour Andréa, Lucie, Catherine et Emma, les cauchemars sont très présents. Emma raconte qu'elle ne pouvait cesser de rêver à lui, de le voir, de sentir sa menace. Selon elle, c'est comme si sa conscience la jugeait :

> J'avais des cauchemars terrifiants. Au début, je ne pouvais pas dormir. Je revivais la scène encore et encore, et je ne pouvais pas dormir. Je voyais le visage de mon mari juste devant moi. Je le voyais debout devant moi avec son air menaçant comme lorsqu'il voulait me tuer. Je me réveillais tout le temps en sursaut parce que c'était épouvantable. Après, je ne pouvais plus me rendormir parce que j'étais perturbée [...] parce que ta conscience te juge quand tu fais ces rêves et que tu revis ces scènes (Emma, Canada).

Les cauchemars sont cependant remplacés, avec le temps, par un sentiment de soulagement et de libération. Lili, comme Françoise, s'est rendu compte à sa première sortie de prison que son conjoint était vraiment mort. Cette prise de conscience a provoqué chez elle un sentiment de libération :

> Je me suis libérée un peu quand j'ai commencé à préparer mes papiers pour les permissions [...]. La première permission, c'était très dur parce que je croyais qu'il était là, dehors, à m'attendre et quand je suis rentrée et tout, j'ai

> craqué parce que c'est tout à fait normal. Là je me suis vraiment rendu compte qu'il n'était plus là et que j'étais vraiment libre de faire ce que je veux (Lili, France).

De même, Charlotte n'a plus peur et elle est entourée de ses enfants, ce qui lui permet de continuer de vivre :

> Ici je suis en sécurité et même quand je suis sortie en permission, je me sens à l'aise. Je crois que je ne pourrais pas sortir s'il était encore vivant, j'aurais une vie dans la crainte. Je ne sais pas. Je ne sais pas la réaction que j'aurais eue. Maintenant je suis soulagée. J'ai la famille pour moi. J'ai mes enfants. J'ai beaucoup d'amies autour de moi (Charlotte, France).

Pour Maude aussi, le sentiment d'être enfin libérée de ce climat de terreur est très fort : « Je me dis, lorsque ce cauchemar se terminera, je gagnerai deux fois ma liberté. De par cette disparition et par ma remise en liberté » (Maude, Belgique). Cependant, « le regret d'avoir enlevé la vie », d'après Jacinthe, psychologue en milieu carcéral (France), est toujours vif, car même si ces femmes se sentent en partie justifiées, elles disent qu'elles n'avaient pas le droit d'enlever la vie à une autre personne. Le récit de Lili témoigne de ce dilemme :

> Quelque part, je regrette parce que je me dis qu'on n'a pas le droit de tuer quelqu'un comme ça. D'un autre côté, je me dis que si ça avait continué, c'était ou lui ou moi, parce qu'un jour ou l'autre j'y serais passée. Alors il fallait faire un choix, et moi, le choix, je l'ai fait la première. Il aurait pu le faire la nuit d'avant [...]. C'était ou moi ou lui. Je ne pouvais pas continuer comme ça (Lili, France).

Évidemment, il y a la honte, d'autant plus que, selon Annie, conseillère en milieu correctionnel (Canada), elles se sont fait dire souvent que ce sont elles qui auraient dû mourir : « Il y en a plusieurs qui avaient entendu le discours, je t'assure, un discours épouvantable des gens qui leur disaient : "Vous auriez dû mourir, vous auriez dû accepter de mourir."

C'était pour être une femme, pour être définie comme une femme acceptable, il fallait qu'elles acceptent d'être détruites. » L'expérience transforme l'identité, comme en témoigne l'exclamation de Carrie lorsqu'elle nous rencontre : « Je suis la meurtrière ! » Sophie, psychologue en milieu carcéral (Canada) a constaté : « elles se voient comme des monstres. Elles se perçoivent comme des monstres », car les autres les jugent. Cette identité va aussi continuer à subir des transformations durant leur séjour en milieu carcéral.

Comme on le voit, la phase initiale de sentiment d'irréalité, de cauchemars, de prise de conscience graduelle cède la place à un sentiment de soulagement et de libération. Nous allons maintenant examiner le traitement pénal réservé aux femmes.

3. *Le traitement pénal réservé aux femmes*

Les récits que nous avons recueillis soulèvent plusieurs questions : La sanction pénale est-elle nécessaire ? Comment les femmes se perçoivent-elles sur le plan clinique ? L'incarcération est-elle légitime comme méthode d'intervention ? Quelles en sont les conséquences ? Quels sont les projets de sortie ? Les sentences sont-elles justes et équitables ? Et, finalement, quelles sont les perceptions de la violence des femmes comparativement à celle des hommes ?

Sur la sanction pénale

Quel est le rôle de la sanction pénale ? Selon Maude : « Après, j'ai eu besoin de la prison. J'ai eu besoin d'être punie. J'ai été jugée. » Le besoin d'être jugée et d'être punie est souvent associé à la détention. Les propos de Maude trouvent un écho chez Jacinthe (psychologue, France), pour qui il est « important de signifier socialement une sanction », car cette

« sanction soulage une partie de cette culpabilité ». Par ailleurs, selon Vincent (psychiatre, France), il « faut faire une distinction entre sanction pénale prononcée et conditions d'application ». En effet, la majorité des femmes reconnaissent qu'elles doivent être punies, mais très souvent la sentence leur apparaît injuste et trop longue.

En revanche, les femmes ne se perçoivent pas comme ayant des problèmes de santé mentale. Ainsi, en prison, elles ne consultent pas. Selon une psychologue, les femmes condamnées pour maricide considèrent souvent leur acte comme justifié, contrairement aux femmes qui tuent leur enfant, et conséquemment ne se voient pas comme ayant besoin d'aide :

> Socialement, elles ne sont pas marquées comme peuvent l'être des femmes qui ont tué leurs enfants [...] qui ont besoin de parler et qui sont davantage celles à qui leur acte pose un problème (Jacinthe).

Cela ne veut pas dire qu'elles ne souffrent pas à cause de leur geste et de ses répercussions (absence du père pour les enfants, culpabilité, etc.).

Enfin, comme nous l'avons souligné dans la première partie, il faut saisir la signification personnelle de l'acte et le contexte de violence afin de mieux réfléchir sur la légitimité de la sanction pénale. Selon une conseillère en milieu correctionnel, même s'il faut signifier que le passage à l'acte est répréhensible, il faut essayer de le situer dans le contexte de vie et d'être de la personne :

> Le discours, c'est celui-ci : c'est peu importe ce qu'est la personne on doit la juger quand même parce que ces actes sont répréhensibles et effectivement on n'est pas là pour enlever la sanction sociale ; je pense qu'effectivement il y a des gestes qui ne sont pas acceptables, ça c'est clair. Mais, en dehors de l'acte, *on ne peut pas réduire la personne à l'acte*. Alors il faut faire des distinctions et aller voir, saisir finalement quel est le sens, la portée de cet acte-là dans l'ensemble de la vie de la personne mais aussi le sens que ça a pour

> elle ; dans quel univers cette femme-là vivait ? Qu'est-ce qu'elle a connu ? Dans quoi s'inscrit cet acte-là ? (Annie ; nous soulignons.)

De plus, pour ces femmes, c'est une justice qu'elles ne comprennent pas, car le discours, les termes, le jargon légal leur échappent :

> Puis les termes on les connaît pas quand on rentre en prison. On va devant un juge, il nous dit ceci, cela [...]. Ou si on était jugée en ayant vécu ce qu'on a vécu, en sachant toutes les choses qu'on sait maintenant, on pourrait peut-être mieux se défendre. Là on arrive devant un juge, il nous sort des mots pas possibles, dans leur langage à eux, on comprend à moitié pas. Qu'est-ce qu'on dit ? On dit : « Oui, monsieur » et puis c'est tout (Lili, France).

La « réalité » présentée au procès n'est pas leur réalité. Il semble y avoir une construction des faits par le système. Par exemple, pour Carla, c'est un « récit fabriqué ». Il y a un décalage :

> Moi, j'ai vu cette déposition quatre mois plus tard. En quelque part, ça ne m'appartient pas, c'est absolument pas représentatif de ma vie, ça établit absolument aucun fait réel mais ça part du fictif, là on condamne quelqu'un (Carla).

Ainsi, les femmes ne se reconnaissent pas dans ce récit juridique, qui correspond à une réalité qui n'est pas la leur, une réalité artificielle et fabriquée.

> À la cour, c'est pas important la vérité ; c'est bizarre à dire, mais c'est ça. C'est pas la vérité. C'est une construction artificielle et c'est aussi une construction idéologique, c'est une construction d'outils dans une optique de confrontation [...] une réalité dépossédante. S'il y a quelqu'un qui est décédé, effectivement on se doit quelque part d'établir les faits, mais en réalité on ne cherche pas la vérité, on recherche les outils pour marquer des points, pour dire qui va avoir tort, qui va avoir raison. Alors les femmes, dans

> un système comme ça, c'est vraiment pas elles. Ça ressemble pas du tout à ce qu'elles sont parce que, dans leur réalité, quels sont les mots juridiques que ces femmes-là vont pouvoir employer pour se faire saisir ? Le langage, c'est pas dans leur réalité non plus. Alors elles doivent emprunter les mots construits sur cette réalité qui se trouve artificielle pour elles (Annie).

D'autres femmes concluent qu'elles n'ont pas eu un procès juste et équitable, comme Tamara le déplore : « Non, je ne crois pas que j'ai eu un procès juste. » Pour Lisa et d'autres femmes, le procès est beaucoup trop long et cette longueur, conjuguée à l'attention médiatique, aura un impact sur leur décision de poursuivre ou non le processus, de faire appel ou non, par exemple :

> Le pire temps, c'est quand j'ai passé à la cour d'appel, ça a pris longtemps avant que ça passe [...]. Quand j'étais en appel, je vais te dire, il y a des bouts où je marchais... [...]. Quand j'ai su que c'était non, c'est comme si je venais d'être resentencée encore. Je ne voulais plus rien savoir, je ne voulais pas aller à la cour plus haut, ça donne rien, qu'est-ce que ça me donne d'aller là, plus d'argent pis ci, pis ça [...]. J'aurais pu aller à un nouveau procès encore, mais ça me tentait pas, j'étais tannée de me battre (Lisa).

Il y a donc, selon elles, une disqualification de leur voix et de leur expérience qui sont traduites dans un langage légal (Smart 1989). Selon certaines femmes, il y a même des mensonges :

> [...] parce qu'ils ont dit des trucs, c'était vraiment trop flagrant. C'était moi qui le battait. C'était pas lui qui me battait, c'était moi qui le battais [...] (Françoise).

Le recours à l'incarcération

Selon les propos que nous avons recueillis, on doit mettre en question la légitimité de l'incarcération et l'équité des sentences.

La plupart des femmes croient que leur sentence est trop longue et ne tient pas compte des circonstances de leur vie. Charlotte disait de sa sentence : « Non, elle n'était pas juste. Avec ce que j'avais souffert », et sur sa durée :

> Pas punie pour aussi longtemps parce qu'avec tout ce que j'ai vécu [...] c'était un médecin traitant qui disait cela aussi, moi je trouve que j'ai été mal jugée. Je ne devais pas prendre huit ans (Charlotte).
>
> [...] quand j'avais eu vie-25, j'ai jamais accepté ça, je ne l'aurai jamais accepté parce que [...] même je me dis encore aujourd'hui, vie-10 c'est beaucoup pour qu'est-ce que j'ai eu à faire là-dedans. Qu'est-ce que j'ai eu à faire, dans le fond ça a été causé à cause de tout ce que j'ai vécu toute ma vie. Moi, je me dis, c'est beaucoup, mais au moins je vais avoir payé [...] (Lisa).

Charlotte estime aussi sa sentence injuste, puisqu'elle se considérait en état de légitime défense :

> Mon avocat m'avait dit : « Si, vous êtes en légitime défense. » [...] J'avais été blessée à la tête, un tendon coupé. Moi, c'était de la légitime défense. J'en avais marre d'être là [...]. Pour lui, il me considérait comme un chien et lui le maître.

Pour la majorité de ces femmes, cette condamnation constitue leur premier contact avec le système pénal. Pour Lili, condamnée à une peine de prison de 18 ans de réclusion, ce premier contact a été difficile ; quand elle s'est retrouvée dans sa cellule, seule face à elle-même et qu'elle s'est rendu compte qu'elle avait 18 ans de réclusion à faire, elle a eu un choc :

> Je ne connaissais pas le milieu. Je suis tombée dans une petite maison de rien. [...] La surveillante m'avait dit, avec le délit que j'avais, que j'allais en prendre pour pas mal. Elle me disait : « Faut mettre dans votre tête au moins dix ans. »

> En entrant dans la cellule la première fois, je regardais, je me suis dit : « Je tiendrai jamais. » [...] Si j'avais pas ma famille, je ne serais plus là. Parce qu'il n'y a rien qui me retient. On peut refaire une vie normale mais [...].
>
> Là, c'est dur. Et encore, en entendant 18 ans, j'ai fait un « ouf » parce que l'avocat général, elle avait demandé perpétuité pour moi et mon ami. Quand elle a dit 18 ans, même mon avocat, il disait : « Quelle que soit la peine, tu mets tout de suite la moitié dans la tête. » Donc quand ils ont dit 18 ans, je me suis dit 9 ans. Même il a été tout de suite avertir mes parents aussi, en leur disant : « Quelle que soit la peine, à part *perpète*, mais sinon il faut se mettre tout de suite la moitié dans la tête. » Alors quelque part mes parents se sont dit : « Mieux qu'elle ait 18 ans, faire 9 ans, 10 ans, 11 ans, ça dépend de combien d'années on fait là-dedans, mais vaut mieux ça que perpétuité. » Parce que perpétuité il faut faire au moins 15 ans. Mais même maintenant je me demande comment j'ai fait pour tenir le coup, franchement (Lili).

Pour Emma, les souvenirs de ce premier contact sont très vifs. Elle se replonge dans tous les détails de son contact avec le système pénal, de l'arrestation jusqu'à l'incarcération. Elle se rappelle de la prise de photos, de l'attente dans un petit aéroport, menottée, de transfert en transfert, en compagnie d'hommes menottés. Elle raconte le trajet avec des hommes dans une petite camionnette les amenant à Kingston :

> J'étais assise à côté d'un homme énorme qui empestait et j'avais vraiment peur de lui, et il était si gros qu'il rentrait à peine dans son siège et il était penché sur moi. J'étais vraiment inconfortable, je détestais cela, mais je ne pouvais rien faire.

À l'arrivée à la Prison des femmes de Kingston, elle s'effondre. Dans la cinquantaine avancée, Emma plonge dans une sorte de dépression dans ce milieu intimidant où elle ne peut faire confiance à personne et où la peur l'envahit. Elle a peur de toutes ces femmes dites « criminelles » et elle ne peut croire qu'elle est en prison. Un psychiatre lui prescrit des antidépresseurs et, après un certain temps, il l'envoie à l'unité d'aide en psychologie, où elle amorce un travail thérapeutique et commence à mieux fonctionner.

Selon elle, les femmes incarcérées projettent souvent une image de « dures », car celles qui sont perçues comme étant faibles peuvent faire l'objet d'intimidation, de menaces et deviennent très vulnérables. Mais parfois, lorsque l'on connaît davantage les femmes et que l'on va au-delà des apparences, elles sont, pour la plupart, « correctes », de dire Emma. Étant donné qu'Emma était une femme plus âgée, une femme plus traditionnelle de milieu rural, elle était perçue comme étant bizarre et différente des autres.

L'enfermement place aussi ces femmes dans un univers où elles font face à elles-mêmes, à ce qu'elles ont fait et à ce qui les attend.

Les paradoxes de l'incarcération : une « chambre à soi » ?

Comme l'intertitre l'indique, nous nous inspirons de l'ouvrage de Virginia Woolf afin de tenter de rendre compte d'un moment clé de la reconstruction de l'identité et de l'avenir des détenues.

> Je suis enfermée, mais libérée quelque part. Parce que là, maintenant, malgré que je sois enfermée, on n'est pas libre de tout, mais je suis libre de mes pensées, de mes gestes. Il n'y a pas longtemps, ça fait peut-être un an, que je suis libre de mes faits et gestes, parce que je rentrais quelquefois dans ma cellule et je me disais : « Vite, il faut que je fasse le ménage, il va rentrer, puis il va m'engueuler » (Lili, France).

Le rapport de Lili à l'enfermement, tout comme celui de bon nombre de femmes interviewées, semble paradoxal. L'enfermement est appréhendé et vécu comme une injustice, mais, en même temps, la prison représente une instance de reconstruction de l'identité des femmes, parce qu'en fait celles-ci passent alors de l'enfermement (dans le couple) à la libération (en prison). Selon Annie, conseillère spécialisée en milieu carcéral (Canada), elles affirment qu'elles avaient le droit à la vie :

> Les femmes, dans leurs perceptions d'elles-mêmes, se disent : « Je regrette, mais, quelque part, il y a quelque chose de légitime dans ce qui s'est passé. Ça ne veut pas dire que mon geste est beau, ça ne veut pas dire que mon geste est souhaitable, ça ne veut pas dire que ça ne doit pas être sanctionné. J'avais droit à la vie. » Au moins, qu'une femme puisse se dire : « J'avais le droit à la vie. »

Ainsi, paradoxalement, après un certain temps, l'emprisonnement constitue un temps de reconstruction de l'identité des femmes, étant donné leur histoire de vie. Néanmoins, cette constatation reflète davantage le climat insoutenable qu'elles vivaient à l'extérieur que la « désirabilité » de l'incarcération. Les femmes ne craignent plus pour leur vie et celle de leurs enfants, et si elles recommencent à vivre dans un contexte artificiel et répressif, elles ont malgré tout le sentiment d'être à l'abri de la menace constante de la violence. D'après Jacinthe, une psychologue française, elles « se sentent en fait protégées par le milieu et libérées de cette angoisse ».

D'après les récits des femmes, ce sont les enfants qui leur permettent de tenir le coup même si leur absence leur est insoutenable, puisqu'elles ratent des moments importants[9]. Françoise a le sentiment d'avoir tout manqué de l'enfance de son fils :

> Toute son enfance. Tout. Sa rentrée à la maternelle, ça, j'ai loupé. Ses premiers pas. J'étais pas là quand il a marché

9. Lors de notre visite à Mons en Belgique, il y avait un atelier pour les détenues sur la question des relations mère-enfant. Il est intéressant de noter que sept des dix participantes étaient incarcérées pour l'homicide de leur conjoint, le père de leurs enfants. Ces femmes se préoccupaient, fort justement d'ailleurs, de la manière dont elles allaient aborder la question avec leurs enfants.

pour la première fois. Quand il a parlé. J'ai tout loupé. On ne rattrape rien. Je ne pourrai jamais rattraper ça.

Elles recommencent à vivre même si c'est dans un milieu de détention, où elles doivent apprendre à se défendre et à prendre leur place ; comme le dit Françoise, une détenue belge :

> Maintenant je me sens plus sûre de moi [...]. On apprend à se défendre parce qu'ici si on se défend pas on se fait bouffer par les filles [...]. Au début je n'arrivais pas à dire non. Maintenant, j'arrive à dire non [...]. Quand je me suis fait arrêter, je voyais les prisons comme dans les films, ce qu'on voit en Amérique, des grands dortoirs avec des murs chaque côté [...].

Après une période initiale, plus ou moins longue, de perte de repères dans ce nouveau milieu, elles se forgent un espace à soi :

> Mais comment faire pour tenir là-dedans ? Là, c'est dur. Puis après, bon ben, on se fait une petite vie. On travaille, on écrit, on lit, on écoute de la musique, puis on se dit : « Un jour ou l'autre, on sortira. »

Lili a le sentiment que la vie s'est arrêtée non seulement depuis qu'elle en prison mais aussi depuis l'âge de 19 ans, lors de son mariage. Elle nourrit l'espoir de recommencer sa vie à sa sortie.

> Maintenant, j'ai envie de me battre, il y a plein de choses à vivre. Ce que j'ai pas vécu avant, ce que j'ai pas vécu dedans, parce que ça fait neuf ans, plus là, je ne sais pas combien je vais faire. Si j'arrive à avoir une conditionnelle l'année prochaine, ça fera 10 ans de prison, ça fait 19 ans de rien, c'est un trou. Ma vie s'est arrêtée à 19 ans [...]. Bon, on peut pas le combler, ce trou-là, parce que c'est des années perdues, on peut pas les rattraper, c'est pas possible. On se dit : « À la quarantaine quand même, il va encore y avoir des belles années » (Lili).

Lili, comme d'autres femmes, recommence à retrouver un peu l'estime de soi perdue et à croire qu'elle vaut quelque chose. Cela se vit directement dans le corps et l'apparence.

> Quelques fois on arrive à se refaire une santé, à se repomponner, à se regarder dans la glace et se dire : « Après tout, il y a plus moche quand même. » Parce que c'est vrai que quand on entend pendant des années et des années : « T'es pas belle, t'es moche »... Puis, même, j'avais pas envie de m'acheter des jolies petites choses, rien du tout. Maintenant, j'aurais peut-être envie de replaire à quelqu'un, peut-être un jour (Lili).

Par ailleurs, un psychiatre est très sceptique quant à la possibilité de faire du travail thérapeutique en prison, car la personne traitée se trouve dans un milieu fermé et artificiel et on n'arrive pas à poser véritablement le problème. Même s'il croit que le temps « en dedans » peut permettre de faire le point, il ne faut pas que la durée du séjour soit trop longue, car cela risque d'entraîner le phénomène d'institutionnalisation :

> [...] l'analogie de celui qui est incarcéré pour état d'alcoolisation, qui a un passé alcoolique. Dans tout son temps d'incarcération, il se dit qu'il s'est guéri de l'alcool. Si vous lui posez la question, il va être surpris que vous la posiez, puis il va dire : « Je n'ai plus de problème », mais en sortant il va retomber. Ce n'est qu'une analogie mais ça montre que, le temps d'incarcération, on a du mal à poser le problème. On a du mal au fond à définir les conditions pour poser le problème. Pendant ton incarcération, c'est un univers confiné, il n'y a plus les tentations [...]. Autant je trouve que l'incarcération a valeur parce que ça permet de faire le point, un temps d'arrêt, un temps de séparation, un temps de rupture, mais pas dans la durée. Au contraire, il y a tout le risque [...] de chronicisation (Vincent).

Finalement, les visites et les projets de sortie sont importants pour donner espoir aux femmes : « C'est les enfants qui m'ont tenue en vie » (Carla).

Même si on s'entend pour dire que la sanction pénale est nécessaire, il y a des différences quant à la forme, aux modalités d'application et à la durée de celle-ci. Premièrement, le récit juridique au moment du procès est vécu très souvent comme non représentatif de la réalité. Les femmes ne se reconnaissent pas dans cette construction juridique. Le procès n'est pas toujours perçu comme juste et équitable non plus, et les premiers contacts avec le système pénal (de l'arrestation jusqu'à l'arrivée en prison) sont traumatisants. Deuxièmement, pour ce qui est de l'incarcération, les détenues et les professionnels-les qui travaillent avec elles n'ont pas toujours le sentiment qu'elle est nécessaire, compte tenu des facteurs qui ont motivé le passage à l'acte et qui auraient justifié l'admissibilité de la légitime défense. Troisièmement, le rapport à l'enfermement est assez paradoxal, car celui-ci peut devenir une instance de reconstruction de l'identité lorsque les femmes passent de l'emprisonnement (dans le couple) à un sentiment temporaire de libération (en prison).

Nous avons vu dans cette section ce qui se passe *en aval*, tandis que la prochaine section porte sur les règles juridiques, c'est-à-dire ce qui se passe *en amont*. Nous allons examiner en particulier le « syndrome de la femme battue », étant donné sa pertinence dans les récits des femmes ainsi que dans la décision *Lavallee*, que nous avons commentée dans le chapitre précédent.

Deuxième axe : éléments en amont du passage à l'acte

1. *Les femmes et la logique pénale*

Comme nous en avons discuté plus longuement dans le chapitre précédent, l'admissibilité de la preuve d'expert quant au « syndrome de la femme battue » (SFB) constitue un changement important dans les procès pour maricide. Par l'entremise des entretiens avec les femmes condamnées et les personnes-ressources, nous avons voulu recontextualiser le langage légal afin d'en mieux saisir les significations, les enjeux, les limites et la portée.

La définition du syndrome de la femme battue (SFB)

Selon Annie, conseillère spécialisée en milieu correctionnel, le SFB est un trouble d'adaptation à une situation malsaine, qui peut même en venir à modifier la personnalité :

> Ça modifie la structure de la personnalité, mais quelque part ces femmes-là sont réellement atteintes et touchées dans ce qu'il y a de plus profond. Elles ont besoin, dans ce sens-là, d'être admises auprès de gens professionnels de la santé pour les aider (Annie).

Selon Marie, psychiatre, le SFB réfère à un ensemble de signes cliniques qui peuvent constituer une maladie au sens psychiatrique :

> Ça devient une étiquette, mais ça devient plus une étiquette psychosociale qu'une étiquette psychiatrique comme telle. Parce qu'un syndrome, c'est un ensemble de signes cliniques, mais c'est pas ce que l'on pourrait appeler une maladie. Quand vous cherchez dans le répertoire des maladies psychiatriques, que l'on appelle le DSM-IV et qui est vraiment notre point de référence, vous allez fouiller et vous le trouverez pas.

Le SFB n'est pas une entité clinique, mais il est compris sous la rubrique « réaction post-traumatique » dans le manuel diagnostique DSM-IV, qui peut s'appliquer à différentes situations, explique Marie :

> [...] ça devient une autre entité qui est pas spécifique du syndrome de la femme battue. Il y a toutes sortes de situa-

> tions qui peuvent amener une réaction que l'on appelle une réaction post-traumatique de stress, et ça pourrait être quelqu'un qui revient de la guerre, ça pourrait être une femme qui a été violée, ça peut être une femme qui a été battue, ça peut être quelqu'un qui a été, qui travaille dans une banque, puis qui a été victime d'un hold-up. Il y a toutes sortes d'événements qui amènent ce tableau clinique-là.

Le SFB est utile puisque les femmes se retrouvent hors de la logique pénale du Code criminel et il permet, malgré ses limites, de rendre compte de leur expérience en regard du concept de légitime défense.

> [...] c'est pour en aboutir au concept de légitime défense qu'on parle du syndrome de la femme battue. Ce que je comprends de ça au niveau légal, c'est que la légitime défense implique un danger immédiat et justifie à ce moment-là que l'on utilise des moyens. Mais, dans le contexte du syndrome de la femme battue, on va expliquer que ces femmes-là se retrouvent éventuellement dans un contexte où est-ce qu'elles craignent à tout moment pour leur vie et que, même si le conjoint leur a braqué une arme trois heures plus tôt, c'est compréhensible que se soit tout juste trois heures plus tard qu'elles le tuent et que ce soit encore un élément de légitime défense. C'est une ouverture de ce concept-là. Au niveau clinique on appelle ça « syndrome de femme battue », mais au niveau légal ils vont finir par dire d'accord, à cause du syndrome de la femme battue, ce qui n'aurait pas été accepté comme de la légitime défense parce que c'est pas dans l'immédiat, on va reconnaître que c'est une extension de la légitime défense (Marie, psychiatre).

Au sens clinique, le SFB va colorer, moduler le sens légal. Cela est réservé presque seulement aux femmes, car la définition légale de la légitime défense concorde davantage avec la réalité des hommes. Mais pour les femmes il faut extrapoler, comme nous l'avons vu au chapitre précédent.

> C'est parce que, chez les hommes, je pense que la question ne se posait pas parce que c'était des réactions immédiates qui correspondaient exactement à la définition légale de la légitime défense. Alors on n'a pas eu besoin de faire d'extrapolation. Alors, dans les situations de femmes qui tuent leur conjoint pour se sortir du contexte de l'abus, il faut plus comme étirer la notion de légitime défense (Marie).

La notion d'abus enchâssée dans le SFB

Selon les critères relatifs au SFB, il faut que la situation d'abus soit très claire et documentée, qu'elle soit installée depuis plusieurs années et qu'il y ait des preuves indépendantes solides si l'on veut démontrer et établir l'abus.

> [...] on a une situation beaucoup mieux documentée d'abus, un abus qui s'étale sur plusieurs années et on a des témoins qui sont capables de documenter la situation, dont une intervenante de la Protection de la jeunesse. Donc, ça fait un tableau beaucoup plus clair finalement (Marie, psychiatre).

La situation d'abus doit en effet être documentée par des témoins. C'était le cas de Carla :

> En employant le syndrome de la femme battue comme défense, automatiquement on a fait venir des psychiatres, des psychologues, on a eu un paquet de rapports qui se sont faits sur ma condition de vie avec ce conjoint, comment ça avait été, à partir des témoignages des gens qui ont... comme mon fils, mon frère, il y avait Suzie aussi, la personne qui était mon amie.

De plus, les preuves d'abus doivent être évidentes :

> Je m'étais fait casser les dents, c'était très réaliste, c'était des réalités que les gens ne pouvaient pas ne pas voir. Ces faits-là étaient reconnus automatiquement [...] (Carla).

Lorsque les preuves ne sont pas évidentes, lorsque la violence est cachée, il est beaucoup plus difficile d'étayer le « syndrome de la femme battue », comme le rapporte Julie :

> C'est comme si l'abus n'avait pas existé, parce que je n'avais pas de preuve, parce que je mentais, je le camouflais. Parce que je ne laissais pas ma mère m'approcher lorsque je portais les traces de cette violence, parce que je ne voulais pas qu'elle voie. Maintenant, il n'y a pas de preuve. Donc, s'il n'y a pas de preuve, ça n'existe pas.

Julie poursuit, expliquant pourquoi elle n'avait pas ces preuves :

> Ils ont dit qu'il n'y avait pas de preuve pour corroborer ce que je disais, personne pour appuyer ce que je disais. Comment y en aurait-il eu ? Est-ce que vous voyez beaucoup de maris battre leur femme dans une pièce bondée de monde ? Oui, les gens ont entendu la violence verbale que je subissais. Ça, ce n'était jamais caché. Mais l'abus physique, c'est pas quelque chose que tu offres en spectacle pour les autres. C'est pas quelque chose dont tu es fière. C'est quelque chose que tu veux cacher.

Il semble que seule la violence physique visible soit légitime, comme Liz l'indique : « s'il n'y a pas de bleus ou bien s'il n'y a pas de sang, c'est comme si tu n'as pas été battue ». Selon Loraine, activiste auprès des femmes justiciables, le SFB requiert que l'accusée corresponde à un profil stéréotypé de femme battue. Elle doit avoir été traumatisée, passive, avoir été une bonne femme, une bonne mère, avoir eu un style de vie irréprochable avant le meurtre et avoir été victime d'abus pendant plusieurs années pour avoir une petite chance d'être crédible aux yeux du droit.

De plus, il semble aussi important de montrer qu'elle a craqué « démontrant que soudainement quelque chose a "sauté" ou qu'elle n'en pouvait plus » (Loraine).

Selon Emma et d'autres détenues, le SFB ne va pas assez loin. Et même si la violence est documentée, le SFB n'est pas toujours utilisé. Emma ne comprend pas pourquoi le SFB, tel qu'établi dans l'arrêt *Lavallee*, n'a pas été utilisé dans son cas, car son mari avait été incarcéré pour l'avoir battue, lui avoir cassé la mâchoire et brisé les côtes.

En revanche, l'acceptation du SFB comme preuve d'expert annonce des changements de perception quant à la perception des femmes en psychologie et en droit.

> [...] je pense que le fait que l'on ait un espace pour en parler, c'est déjà quelque chose, et les choses sont enseignées différemment aussi. Les gens qui travaillent dans un contexte d'urgence sont plus vigilants par rapport à la dimension de la victimisation des femmes. C'est des questions que l'on va aller chercher d'une façon plus régulière qu'on ne le faisait avant. Alors je pense que oui, il y a un virage (Marie, psychiatre).

Selon Annie, conseillère spécialisée en milieu carcéral, il y a aussi des changements dans la perception de l'homicide conjugal et des femmes qui le commettent. Les réalités de vie sont mieux connues et sont moins vues comme étant pathologiques :

> Je trouve qu'il y a eu de gros changements. Je pense que ça a toujours existé, le syndrome de la femme battue, ça a toujours existé l'homicide conjugal, mais peut-être avec moins de visibilité. [...] avant c'étaient des réalités qui étaient présentes mais qui étaient comme dissimulées, c'étaient des réalités qui étaient dissimulées sous d'autres motifs. Moi, je me souviens – ça fait quand même une quinzaine d'années ou plus –, je me souviens que les premiers cas que je voyais, souvent elles portaient des étiquettes. Avant même que je les rencontre, elles étaient réellement perçues et diagnostiquées comme des femmes ayant des problèmes psychiatriques. Alors ça faisait d'elles des malades.

Des règles juridiques sexuées

Pourquoi a-t-il fallu « inventer » une preuve d'expert spécifique pour rendre compte de la réalité des femmes ? Nous l'avons vu au chapitre précédent, les règles juridiques ne sont pas faites pour les femmes, comme le rappellent Annie et d'autres intervenantes :

> Ces femmes-là sont déjà impuissantes et démunies parce que les règles ne sont pas pour elles. Alors moi, je pense que le syndrome de la femme battue a été utile pour amener la perception d'aider la femme et d'éviter qu'elle soit constamment persécutée [...].

Annie poursuit :

> Le syndrome de la femme battue, je pense, a un effet pour l'instant plus positif que négatif, plus positif parce que moi, ce que j'accepte, c'est qu'avant bien des femmes [...] avaient du mal avec leurs collègues pour faire reconnaître cette dimension-là. Alors je trouve que ça, ça permet aux professionnels de la santé mentale de témoigner des différentes facettes de la réalité [...]. Je pense que l'avantage de ça, de cette nosologie-là, c'est que ça permet de dire : cette réalité-là existe, maintenant il va falloir développer une certaine compréhension quand ça se présente mais sous des facettes qui sont pas toujours très rigides (Annie).

Selon Loraine, une autre intervenante, le SFB confère aux femmes un caractère pathologique et ne remet pas en question le contexte social dans lequel la violence conjugale s'exprime. À son avis, c'est la violence masculine qui doit être dénoncée.

Le SFB ne remet pas en question le fait que les comportements des femmes soient souvent encore perçus comme irrationnels, que les règles juridiques soient sexuées et que la défense de légitime défense soit inadéquate pour les femmes qui doivent y avoir recours. Selon Marie, psychiatre, les dimensions culturelles jouent également un rôle déterminant dans le processus :

> C'est sûr que ces mêmes dimensions culturelles-là vont jouer aussi dans d'autres types d'accusations. On n'aura peut-être pas la même façon de voir et la détermination de la peine ne sera probablement pas comparable à ce qu'on va faire avec une femme de race blanche pour la même accusation dans un contexte similaire. Je pense qu'il y a certainement des biais qui vont entrer en ligne de compte. Si la femme n'a pas une vie qui est, entre guillemets, irréprochable.

Ainsi, le SFB met le fardeau de la preuve sur les femmes, tandis que le contexte social, les déterminants structurels restent dans l'ombre :

> Ça fait porter le poids de la normalité ou l'anormalité sur les femmes. Alors qu'en réalité, moi, je trouve que le *focus* devrait être déplacé. C'est une interaction en fait, c'est pas statique, c'est vraiment une interaction, c'est modulé, c'est créé par des interactions, des interrelations. C'est un produit, c'est systémique, c'est pas interne à la personne. Tu changes les conditions extérieures, tu donnes de l'aide, du support à ces femmes-là et puis ça change. C'est pas inscrit là à tout jamais (Annie).

Et, plus important encore, le SFB permet au système de se perpétuer :

> [...] ça permet au système de survivre, de se perpétuer. [...] Je pense que les changements doivent être beaucoup plus profonds (Annie).

En outre, les situations des femmes sont fort diverses et cette complexité devrait être prise en considération. Selon une psychiatre, l'âge de la femme, la durée de l'union, la présence d'enfants sont autant d'éléments qui modulent la situation :

> Une femme de 50 ans, ça ne pense pas comme une femme de 24 ans, 25 ans. Il y a aussi la durée de la vie dans un contexte d'abus : quand vous avez une histoire qui date d'un an ou une histoire qui date de 20 ans, c'est pas le même lien

> avec l'individu en question et ça va être plus compliqué. Plus c'est long, plus c'est compliqué, on peut pas s'imaginer de se détacher de cet homme-là ; il y a eu des mauvais côtés, mais il y a quand même eu, à travers ces 20 années-là, des moments importants partagés par le couple. Alors ça doit rajouter à la difficulté de la situation. Puis il y a les enfants aussi dans tout ça, à qui il faut penser (Marie).

Ainsi, elles appréhendent l'avenir avec un autre homme. La peur de s'engager avec quelqu'un d'autre est souvent présente : « J'ai tellement peur maintenant de m'engager avec quelqu'un d'autre. J'ai peur de m'engager, car j'ai peur qu'il me fasse mal. Qu'est-ce que je vais faire ? J'ai peur maintenant. Je ne sais pas. »

Comme nous l'avons vu dans cette section, l'utilisation du SFB est fort complexe et fait ressortir le caractère sexué de cette preuve d'expert et des difficultés sur le plan des définitions et de la jurisprudence. Dans la prochaine section, nous allons mettre en relief certains éléments d'analyse avancés par les intervenantes au sujet de la perception des actes de violence des femmes.

2. *Violence des femmes, violence des hommes*

La plupart des études tendent à montrer que les crimes de violence des femmes sont davantage reliés à la vie domestique et que leur rapport à l'agressivité est différent de celui des hommes (Shaw 1995). Parallèlement, leur rapport au pouvoir, dans la vie conjugale en particulier, n'est pas le même. Selon Manon, intervenante en maison de transition, cette situation est liée aux préjugés d'une société patriarcale :

> [...] qu'on tienne compte que les femmes sont différentes des hommes et n'ont pas le même pouvoir et qu'on est dans une société patriarcale, une société où on n'a pas les mêmes chances. Dans la vie conjugale, c'est là qu'il est le

> plus difficile d'avoir des relations égalitaires et d'avoir un partage, de partager le pouvoir également.

La violence des femmes serait un moyen ultime de survie :

> La violence c'est le côté de l'homme, la violence vient des hommes. La femme, quand elle est violente, c'est une réponse à la violence, c'est une réponse dans le but de se donner le droit de vivre, de se protéger. C'est pas une violence innée, c'est une violence acquise ; moi, je ne crois pas que cette violence-là soit innée. Je crois qu'elle est acquise et que c'est le moyen ultime pour survivre. Tant mieux si elles peuvent arriver à la survie autrement mais certaines d'entre elles n'y arrivent pas. Il faut regarder les choses réalistement, la violence des hommes est manifeste [...] la violence subie par les femmes est tellement intense, tellement vaste [...].

Selon Sophie, psychologue, le maricide représente un défi à l'autorité masculine : « c'est que l'homme était l'autorité. Tu dois obéissance à ton mari, c'était le pourvoyeur de famille ». Elle replace le tout dans un contexte historique plus large :

> C'est l'homme dominateur, puis il y a aussi le clergé. Les femmes ne divorçaient pas avant, les femmes ne quittaient pas, tu étais soumise à ton mari. Ça, je pense que ça a joué beaucoup, puis ça a joué même dans les années 1960 et début 1970 parce que si on prend des gens qui à cette époque-là étaient dans la cinquantaine, quarantaine avancée, c'est une autre éducation qu'ils ont eue. Les femmes auxquelles j'ai eu affaire, je crois que ce sont des femmes qui ont tenté des choses. Non, je ne les perçois pas comme des masochistes et je ne crois pas que l'entourage... par contre, je vois une incapacité qu'elles vivaient, elles se sentaient impuissantes, incapables de quitter soit en raison de la peur, soit en raison des enfants, mais il y avait... elles étaient traquées.

Tandis que, chez les hommes qui tuent leur conjointe, il s'agit d'un geste de pouvoir :

> Chez les hommes, il y a un message qui est bien, bien clair : je ne partirai pas tout seul. C'est l'ultime geste de violence, c'est décider pour quelqu'un d'autre, qu'il va partir avec toi et qu'y a personne d'autre qui va t'avoir (Manon).

Cette intervenante en maison de transition explique que les hommes se sentent menacés par les changements dans la société qui mettent leur pouvoir en question.

> Je pense qu'il y a une partie des hommes qui sont très vulnérables parce qu'il y a beaucoup de changements sociaux, les hommes sont mal préparés. Ça fait des années que les femmes remettent en question les rapports traditionnels avec les hommes et remettent bien des choses en question. Les hommes se sentent menacés au niveau de la vie privée (Manon).

Les femmes qui ont commis un maricide sont perçues comme étant déviantes par rapport à la norme et, selon Annie, ultimement, les femmes maricides qui décident de vivre dérangent :

> [...] elles se réappropriaient le droit de gérer leur vie, le droit d'exister, d'être, de s'affirmer, de prendre une place, mon Dieu ! C'est renversant ça, c'est subversif de prendre une place [...]. Elle était perçue comme une personne dérangeante.

Il semble qu'il y a un ensemble de règles pour contrôler les femmes :

> Je trouve qu'il y a beaucoup de questions d'enjeu social. [...] Elles se disent tant pis si vous me reconnaissez pas, pour moi je me reconnais. Alors moi, je trouve que c'est ces femmes-là, c'est elles qui vont nous aider à changer. Une façon de parler. Je ne veux pas dire que c'est acceptable, il faut regarder ça sous un angle différent, dans un autre registre. Ces femmes-là doivent tellement dire, elles doi-

> vent dire des choses, à quel point il y a quelque chose qui ne va pas, il y a une règle. Moi, je trouve que c'est une règle [...] il y a un ensemble de règles qui, même jusqu'à nos jours, font en sorte que les hommes sanctionnés, les hommes n'acceptent pas le fait que les femmes veuillent contrôler leur propre vie, leur propre corps, leur propre maternité, la grossesse. Il y a vraiment des règles pour faire taire les femmes, contrôler les femmes, les mettre à leur place (Annie).

Elle rappelle que la violence conjugale a longtemps été tolérée dans le passé :

> [...] quelques-unes ont dit : « tout le monde me dit que je dois mourir. Ma mère me dit que je dois mourir, mon père me dit que je dois accepter, que je dois mourir, il y a personne qui veut m'aider, tu sais, quand on n'aide pas, c'est une façon de dire il faut que t'acceptes. » J'en ai vu beaucoup de ça, débattre ça dans leur pacte, dans leur âme et conscience dans leurs motifs de survie (Annie).

En général, les femmes retournent la violence contre elles-mêmes et non contre les autres. Selon Annie : « chez les femmes, il y a plus de contre-violence, généralement. Elles se mutilent, elles se tuent. »

Par ailleurs, la violence des femmes est perçue comme une exception, ce qui alimente toute une série de préjugés sur le sujet :

> Je pense que derrière tout ça il y a la question de la violence posée par les femmes, comment même encore maintenant, socialement, c'est moins évident que la violence des hommes (Marie).

> Ce qu'on sait, c'est que c'est beaucoup plus fréquent d'avoir des hommes qui sont violents que des femmes qui violentent, et c'est vraiment perçu plus comme une exception [...]. On sait que dans les pénitenciers il y a à peu près l'équivalent d'une femme pour vingt hommes. La criminalité qui implique la violence contre la personne chez les

> femmes, c'est pas un sujet qui est très bien connu et maîtrisé, et il y a encore, je pense, au niveau social une réaction de surprise avec des préjugés négatifs par rapport à cette dimension-là [...] (Marie).

Enfin, les mobiles de l'homicide conjugal ne sont pas les mêmes pour les hommes et pour les femmes. Les femmes tuent les hommes afin de leur échapper, et les hommes tuent les femmes pour qu'elles ne leur échappent pas.

> Les femmes, c'est pour se protéger dans la grande majorité des cas, puis les hommes, c'est parce que c'est leur orgueil qui mange un coup, ils acceptent pas de se faire laisser (Manon).
>
> Pour les hommes, je pense aussi à la peur de perdre qui doit sûrement jouer (Jacinthe).

Selon Vincent, psychiatre :

> [c]'est une sorte d'autopréservation [...]. Souvent, c'est dans le cas où la femme est partie, où la femme a une détermination. L'homme à ce moment-là ne l'accepte pas. Je crois que ça, c'est important vraiment.

En bref, la violence commise par les femmes étant plus rare, elle est entourée de préjugés et de fascination, et les femmes qui y recourent sont « dissonantes ». L'intervention auprès des hommes et des femmes nécessite donc une compréhension beaucoup plus profonde de ces enjeux.

Conclusion

Dans ce chapitre, nous avons examiné le maricide à partir de la perspective des femmes et du personnel professionnel qui travaille auprès de celles-ci. Nous avons senti la nécessité de donner la parole aux femmes ayant commis un maricide, car, la plupart du temps, les études portent soit sur les statistiques, soit sur la recension des écrits, ou encore sur les décisions légales ou sur des questions juridiques. Généralement, les femmes sont réduites au silence. À la fois individuelle et universelle, cette parole que bride souvent la justice (voir les chapitres 1 et 2) devrait être au centre et non en marge de l'analyse. La parole des femmes ainsi que les commentaires des personnes-ressources et des spécialistes nous ont permis de mieux répondre à nos questions de départ.

De plus, le discours du personnel professionnel nous a aidée à mieux circonscrire et saisir les expériences des femmes, et cela explique l'importance que nous lui avons accordée dans notre démarche. Les personnes travaillant auprès de ces femmes luttent très souvent pour les droits de ces dernières, comme le souligne Sophie, psychologue en milieu carcéral (Canada) :

> Alors ces femmes-là ont eu à se battre. J'ai eu beaucoup à me défendre en même temps qu'elles. C'est dur à dire, mais c'est comme ça. Pour établir leur droit à être reçues en tant que femmes, alors déjà au départ, j'avais une lutte énorme à mener.

Il est d'une grande importance de contextualiser le geste de ces femmes, comme notre survol des enjeux de la décision *Lavallee* l'a démontré et comme l'ont montré également, nous le pensons, les entrevues que nous avons réalisées.

Nous avons discuté d'un certain nombre de thèmes qui émergeaient des entrevues en explorant les perspectives des femmes selon deux axes principaux. Dans le cadre du premier axe, nous avons abordé trois thèmes. Le premier concerne les facteurs déclencheurs, parmi lesquels on retrouve la relation d'abus et de contrôle qui a marqué l'histoire du couple (incluant l'humiliation, l'isolement et le passage à l'acte comme geste libérateur). À la lumière des témoignages, nous constatons que le passage à l'acte n'avait pas pour objet d'éliminer l'autre, mais plutôt d'arrêter la terreur, comme le souligne Annie, conseillère spécialisée en milieu carcéral (Canada) :

> Elles souffrent beaucoup [...]. C'est une très, très longue histoire de souffrances qui n'en finissent plus. Ces femmes-là, pour la plupart d'entre elles, ont vécu dans un cauchemar éveillé constamment, 24 heures sur 24. C'est la terreur tous les jours, c'est la terreur au quotidien. Moi, je trouve que l'acte lui-même n'a même pas pour objet d'éliminer la personne. L'acte a comme but de faire cesser une terreur, une souffrance. Elles souhaitent enfin que ça arrive pour mettre fin à ce calvaire-là finalement.

Stratégie de protection en vue de faire arrêter la souffrance, la terreur, le geste a aussi pour objectif de préserver l'intégrité. Selon Annie, c'est « comme la préservation d'une intégrité. C'est le moyen ultime. En plus, elle ne peut pas vivre un cauchemar plus intense que ça, tu comprends. Elle a tellement vécu de violence [...]. C'est comme s'il y avait une immunité temporaire à la violence mais dans le but de préserver une identité. »

Aux yeux de Sophie, psychologue en milieu carcéral, le geste se présente aussi comme une façon de reprendre un certain contrôle sur sa vie :

> Je le vois comme une tentative d'essayer de reprendre les guides de sa vie ; tu vas peut-être dire : « Écoute, c'est immoral de dire ça », mais c'est comme si elle ne savait plus sur quels boutons peser. C'est : « Lequel est le bon pour la bonne solution afin que ça arrête ? » Je le vois comme ça ou je le vois comme un geste suicidaire d'une certaine façon.

Nous avons également essayé de documenter, à la lumière des récits de ces femmes, ce qui avait constitué le « déclic » menant à l'homicide et de discuter des obstacles à la rupture, rupture qui aurait pu prévenir l'acte. Le deuxième thème discuté gravitait autour des réactions des femmes après le crime : nous avons pu observer qu'il y avait une première phase durant laquelle elles font beaucoup de cauchemars, mais qu'ensuite elles ressentent un immense soulagement malgré leur sentiment de responsabilité. Comme en témoigne Charlotte (France) : « Je me sens [mieux] dans ma peau. Je n'ai plus la crainte de l'entendre dire : "Je vais te tuer", car j'avais toujours peur. » Les femmes se sentent soulagées, ce qui explique en partie qu'elles ne ressentent pas vraiment de culpabilité, car elles se croyaient justifiées de se protéger et de protéger leurs enfants, même si elles considèrent qu'elles n'avaient pas le droit d'enlever la vie. Nous pouvons parler ici, en accord avec Vincent, psychiatre français, davantage de responsabilité que de culpabilité :

> Il n'y a pas de culpabilité, je crois. Il y a une responsabilité, elles se sentent responsables. Il n'y a pas de doute : « C'est moi qui l'ai fait, donc je suis responsable. Mais ne me dites pas que je suis coupable, ne me le reprochez pas, parce qu'à ma place vous auriez fait pareil. » Ça veut dire qu'au fond c'est une question de vie ou de mort.

Le troisième et dernier thème de ce premier axe concerne le traitement pénal réservé aux femmes. Nous avons exploré comment celles-ci vivent tout le processus – arrestation, procès, condamnation, incarcération, projets à la sortie de prison. Dans un premier temps, elles se trouvent injustement punies, puisqu'elles considèrent qu'elles ont agi en légitime défense ; mais, dans un second temps, elles se sentent enfin « libres » en prison, car elles sont sorties de l'enfermement vécu dans le couple. Il reste qu'elles se sentent trahies par un système pénal qui n'a pas su les protéger de la violence conjugale et qui, maintenant, les punit de nouveau par une sanction inappropriée, par une violence pénale. Elles considèrent que ce système reproduit les inégalités sociales et n'est pas à l'écoute de leur réalité, de leurs besoins.

Dans le cadre du deuxième axe, nous avons abordé deux thèmes. Le premier concerne la place des femmes dans la logique pénale. Nous avons tenté de recueillir les commentaires au sujet du syndrome de la femme battue (SFB), de ses critères d'application et de son utilisation au cours du procès. Les propos analysés montrent comment les règles juridiques sont sexuées et comment le SFB est limité, comment il permet même au système de se maintenir en favorisant le *statu quo*. Le syndrome de la femme battue est-il perçu comme une stratégie de résistance ou comme une voie de disqualification pour les femmes ? À la lumière des témoignages, le recours à l'expertise sur le SFB à titre de preuve se présente d'abord comme une stratégie de résistance en vue de défendre les femmes qui tuent dans un contexte de violence. Cependant, il peut aussi être perçu comme une stratégie de disqualification à l'égard des femmes, car il ne remet pas en question les fondements juridiques du droit – fondamentalement masculins et discriminatoires.

Le dernier thème abordé a permis de comparer la violence des femmes à celle des hommes, ce qui nous renvoie à toute une série de réflexions sur les relations femmes-hommes, sur la place des femmes dans la société et sur l'incompréhension entourant la violence des femmes.

Nous espérons avoir posé les jalons d'une meilleure compréhension et, en conséquence, d'une intervention plus humaine, plus juste et plus équitable pour les femmes qui ont agi en état de légitime défense, mais qui se situent hors de la logique pénale telle qu'elle a été édifiée dans le Code criminel. Nous avons voulu accorder une place et une légitimité aux parcours et aux récits de femmes ayant commis un maricide, dans le but de mieux saisir les enjeux individuels, sociaux aussi bien que structuraux au cœur de cette problématique.

Force est de reconnaître le caractère masculin du droit dans ce domaine et la nécessité d'y introduire le point de vue des femmes, car, comme le montre le traitement judiciaire du maricide, la plupart des problèmes, relevés par les premières concernées comme par les analystes, sont en effet liés aux impasses dans lesquelles nous conduisent aussi d'autres questions problématiques, soit les solutions pénales actuelles aussi bien en matière de violence conjugale que de défenses légales sexuées et discriminatoires, et de traitement pénal décontextualisé.

Bibliographie

Documents d'archives consultés

Tous ces dossiers sont répertoriés dans L. Gadoury et A. Lechasseur (1994), *Les condamnés/es à la peine de mort au Canada, 1867-1976 : un répertoire des dossiers individuels conservés dans les archives du ministre de la Justice (RG 13),* Ottawa, Archives nationales du Canada.

Marie Beaulne, RG 13 C-1, vol. 280-281 (pt 1), vol. 1555, p. 1.

Sophie Boisclair, RG 13, vol. 1407, dossier 1A ; 1867-1911.

Phoebe Campbell, RG 13, vol. 1409, dossier 47A.

Béatrice (Madame Ludger) Chapdelaine, RG 13, vol. 1579 (1.1, 1.2, 2.1, 2.2, 2.3, 2.4, 3), vol. 1580 (4, 5.1, 5.2), dossier CC386/CC407 ; 1932-1934.

Irene May Christensen, RG 13, vol. 1524 (1, 2), dossier 704 A/CC197.

Marie-Louise Cloutier, RG 13 CI, vol. 1617 VI, n° 387-388, vol. 4, p. 1266 et p. 1261.

Mary Cowan, RG 13, vol. 1600 (1.1, 1.2, 2), dossier CC443.

Elizabeth Coward, RG 13, vol. 1485 (1.1, 1.2), vol. 1486 (2.1, 2.2), dossier 555A/CC56.

Evelyn (alias White) Dick, RG 13, vol. 1661 (1.1, 1.2, 1.3, 2.1, 2.2), dossier CC618 ; 1946-1947.

Dina Dranchuk, RG 13, vol. 1592 (1, 2), dossier CC418.

Frances Harrop, RG 13, vol. 1625 (1, 2, 3), dossier CC514.

Sarah Jane (Sadie) Jackson, RG 13, vol. 1509 (1, 2), dossier 654A/CC147.

Carmello Sofie Marablito, RG 13, vol. 1487 (1, 2), dossier 595 A/CC61.

Elizabeth Maud McLean, RG 13, vol. 1661 (1.1, 1.2), vol. 1662 (2), dossier CC619.

Angelina Napolitano, RG 13, vol. 2698 (1, 2, 3, 4, 5), dossier 446A/CC22.

Christine Maud Pogmore, RG 13, vol. 1607 (1, 2 ,3, 4), dossier CC464 ; 1936-1950.

Angèle Poulin, RG 13, vol. 1411, dossier 83A.

Grapena (alias Frafrena) Shulman, RG 13, vol. 1499 (1, 2), dossier 618A/CC102 ; 1919-1924.

Mary Smith, RG 13, vol. 1599 (1, 2, 3), dossier CC439.

Emily Sprague (Gallop), RG 13, vol. 1540 (1), vol. 1541 (2.1, 2.2, 2.3), dossier CC252 ; 1926-1927.

Olive Adèle Sternaman, RG 13, vol. 1431, dossier 286A.

Tommasina Teolis, RG 13 C-1, vol. 1593, n° 348-349 (pt 1), p. 437-438.

Lina Thibodeau, RG 13, vol. 1741 (1.1, 1.2, 2.1, 2.2), dossier CC803.

Elizabeth Ann Tilford, RG 13, vol. 1598 (1.1, 1.2), vol. 1599 (2, 3.1, 3.2), dossier CC437.

Catherine Tratch, RG 13, vol. 1528 (1, 2, 3, 4), dossier 722A/CC216.

Cordélia Viau, RG 13, vol. 1435 (1, 2, 3.1, 3.2), vol. 1436 (4, 5, 6, 7, 8, 9), vol. 1437 (10, 11, 12, 13, 14, 15), dossier 304A.

Elizabeth Workman, RG 13, vol. 1410, dossier 64A.

Jurisprudence citée

R. c. Bennett, [1993] O.J. 1011 DRS 93-12605 (Q.L.), (Cour prov. Ont. Ottawa).

R. c. Britt, [2000] O.J. n° 4742 (On. Sup. Ct. Just).

R. c. Catholique (1990), 164 N.W.T.J. (Q.L.) (C.S.).

R. c. Côté (1995), C.Q., dossier n° 700-01-004987-924.

R. c. Dunlap (1991), 101 N.S.R. (2d) 263 (C.S. N.É. Div. app.).

R. c. Eagle, [1991] Y.T n° 147 (Yukon Terr. Court).

R. c. Foy, [2002] O. J. n° 4004 (On. Sup. Ct Just).

R. c. Graveline (2001), Cour supérieure de Hull (550-01-002547-992).

R. c. Gruenke, [2000] 1 S.C.R. 836 (C.S.C.).

R. c. Lalonde (1995), 22 O.R. (3d) 275 (Ont. Ct. Gen. Div.).

R. c. Lavallee, [1990] 1 R.C.S. 852 (C.S.C.).

R. c. Malott (1996), 30 O.R. (3d) 609, 631 (C.A. Ont.).

R. c. Malott, [1998] 1 R.C.S. 123 (C.S.C.).

R. c. Milgaard, [1992] 1 R.C.S. 866 (C.S.C.).

R. c. Morin (1995), 37 C.R.(4th) 395 (C.A. Ont.)

R. c. Pétel, [1994] 1 R.C.S. 37 (C.S.C).

R. c. Phillips, [1992] O.J. 2716 (Q.L.) (Ont. Ct., Gen. Div.).

R. c. Staudinger (2002), (600-01-004752-001) (C.A. QB.).

R. c. Thibert, [1996] 1 R.C.S. 37 (C.S.C.).

R. c. Tran, [1991] O.J. n° 2052 (Q.L.) (Ont. Ct of Justice, Gen. Div.).

R. c. Trombley (1998), 40 O.R. (3d) 382-383 (C.A. Ont.).

R. c. Trombley, [1999] A.C.S. n° 20 (QL), n° 26755 (C.S.C.).

R. c. Vaillancourt (1999), jugement non rapporté du 25 février 1999, n° 200-10-000367-966 (C.A. QB).

R. c. Wade (1994), 29 C.R. (4d) 327 (C.A. Ont.).

R. c. Whitten (1991), 110 N.S.R (2d) 149 (C.S.N.É., Trial Div.) ; (1992) N.S.J. n° 105 DRS 93-08739 (Q.L.).

R. c. Whynot (1983), 9 CC.C. (2d) 449 (C.A. N-É.).

Législation citée

Code criminel, L.R.C. (1985), C-46.

Charte canadienne des droits et libertés, 1982, ch. 11 (R.-U.).

Monographies et articles

AMERICAN PSYCHIATRIC ASSOCIATION (1996). *DSM-IV, Manuel diagnostique et statistiques des troubles mentaux*, Paris, Masson.

ARBOUR, L. (1996). *Commission d'enquête sur certains événements survenus à la Prison des femmes de Kingston*, Ottawa, ministre des Approvisionnements et Services Canada.

ASSOCIATION CANADIENNE DES SOCIÉTÉS ELIZABETH FRY (ACSEF) (2000). Réponse au document de consultation du ministère de la Justice : *Réforme des moyens de défense visés par le Code criminel : Provocation, légitime défense et défense des biens.*

ASSOCIATION DU BARREAU CANADIEN (1993). *Principes de responsabilité pénale : proposition de nouvelles dispositions générales pour le Code criminel du Canada*, Ottawa.

BERNIER, J. (1995). *« Maricide » au Canada français (1867-1940) : le syndrome de la femme fatale*, thèse de maîtrise (criminologie), Université d'Ottawa.

BERNIER, J. et A. CELLARD (1996). « Le syndrome de la femme fatale : "Maricide" et représentation féminine au Québec, 1898-1940 », *Criminologie*, vol. 29, n° 2, , p. 29-48.

BIZIER, H. A. (1981). *La petite histoire du crime au Québec*, Montréal, Stanké.

BIZIER, H.A. (1983). *Crimes et châtiments*, Montréal, Libre Expression.

BOISVERT, A.-M. (1991). « Légitime défense et le "syndrome de la femme battue" : *R. c. Lavallee* », *Revue de droit de McGill*, vol. 36, p. 191-215.

BOISVERT, R. (1996). « Éléments d'explication sociale de l'uxoricide », *Criminologie*, vol. 29, n° 2, p. 73-88.

BOYLE, C., M.-A. BERTRAND, C. LACERTE-LAMONTAGNE et R. SHAMAI (1985). *Un examen féministe du droit criminel*, Ottawa, Condition féminine Canada.

CADIEUX, P. (1979). *Cordélia ou La lampe dans la fenêtre*, Montréal, Libre Expression.

CAMPBELL, M. F. (1974). *Bloody Matrimony : Evelyn Dick and the Torso Murder Case*, Toronto, Penguin Books.

CANINO, F. (2000). *The Angelina Project*, Toronto, Guernica.

CELLARD, A. et G. PELLETIER (1988). « Le *Code criminel* canadien, 1892-1927 : Étude des acteurs sociaux », *The Canadian Historical Review*, vol. 79, n° 2, , p. 261-303.

COLLECTIF CLIO (1992). *L'histoire des femmes au Québec depuis quatre siècles*, Montréal, Le Jour.

COMMISSION DE RÉFORME DU DROIT DU CANADA (1987). *Pour une nouvelle codification du droit pénal (Rapport 31)*, Ottawa, Approvisionnements et Services.

CÔTÉ, A. (1991). *La rage au cœur : rapport de recherche sur le traitement judiciaire de l'homicide conjugal au Québec*, Baie-Comeau, Regroupement des femmes de la Côte-Nord.

CÔTÉ, A. (1994). *La défense de provocation et le fémicide conjugal*, mémoire de maîtrise (droit), Université de Montréal.

CÔTÉ, A. (1996). « Violence conjugale, excuses patriarcales et défense de provocation », *Criminologie*, vol. 29, n° 2, p. 89-114.

CRAWFORD, M. et R. GARTNER (1992). *Woman Killing : Intimate Femicide in Ontario, 1974-1990*, Toronto, The Women We Honour Action Committee.

CRAWFORD, M., R. GARTNER et M. DAWSON (1997). *Intimate Femicide in Ontario, 1991-94*, Toronto, Women We Honour Action Committee.

DAUVERGNE, D. (2002). « L'homicide au Canada, 2001 », *Juristat – Centre canadien de la statistique juridique*, vol. 2, n° 7, p. 1-20.

DEGREEF, É. (1942). *Amour et crimes d'amour*, Bruxelles, Charles Dessart.

DUBINSKY, K. et F. IACOVETTA (1991). « Murder, Womanly Virtue, and Motherhood : The Case of Angelina Napolitano 1911-1922 », *The Canadian Historical Review*, vol. 72, n° 4, p. 505-531.

FARREN, D. (1987). « The Trial of Ruth Ellis », *Studies in Sexual Politics*, Sociology Department, University of Manchester.

FRIGON, S. (1995). « When Women Kill Violent Husbands in Canada, 1871-1946 : Drama, Disqualification of Women's Voices, Resistance and Male Tyranny », communication présentée à la British Criminology Conference, Université de Loughborough.

FRIGON, S. (1996). « L'homicide conjugal féminin, de Marie-Josèphe Corriveau (1763) à Angélique Lyn Lavallee (1990) : meurtre ou légitime défense ? », *Criminologie*, vol. 29, n° 2, p. 11-28.

FRIGON, S. (1999a). « Radioscopie des événements survenus à la Prison des femmes de Kingston en Ontario en avril 1994 : la construction d'un *corps dangereux* et d'un *corps en danger* », *Canadian Woman Studies/Cahiers de la femme*, vol. 19, n° 1-2, p. 154-160.

FRIGON, S. (1999b). « Tuer pour survivre : récits de femmes belges, françaises et canadiennes », *Recherches féministes*, vol. 12, n° 2, p. 139-158.

FRIGON, S. (2002). « Les représentations socio-pénales des femmes "maricides" au Canada 1866-1954 » dans C. Bard, F. Chauvaud, M. Perrot et J.-G. Petit (dir.), *Femmes et justice pénale, XIXe-XXe siècles*, Rennes, Presses universitaires de Rennes, p. 209-231.

FRIGON, S. (dir.) (2002). Numéro spécial de la revue *Criminologie*, « Femmes et enfermement au Canada : une décennie de réformes », vol. 35, n° 2, Montréal, Presses de l'Université de Montréal.

FRIGON, S. et L. VIAU (2000). « Les femmes condamnées pour homicide et l'*Examen de la légitime défense* (Rapport Ratushny) : portée juridique et sociale », *Criminologie*, vol. 33, n° 1, p. 97-120.

GADOURY, L. et A. LECHASSEUR (1994). *Les condamnés/es à la peine de mort au Canada, 1867-1976 : un répertoire des dossiers individuels conservés dans les archives du ministre de la Justice (RG 13)*, Ottawa, Archives nationales du Canada.

GAVIGAN, S. (1989-1990). « Petit Treason in Eighteenth Century England : Women's Inequality Before the Law », *The Canadian Journal of Women and the Law/Revue femmes et droit*, vol. 3, n° 2, p. 335-374.

GILLEPSIE, C. (1989). *Justifiable Homicide : Battered Women, Self-Defense, and the Law*, Columbus, Ohio State University Press.

GRISÉ, J. (2000). *Les représentations sociale et médiatique des « femmes maricides » en Ontario, 1871-1946*, thèse de maîtrise (criminologie), Université d'Ottawa.

GUÉRICOLAS, P. (1998). « Syndrome de la femme battue : Tuer pour survivre », *La Gazette des femmes*, vol. 20, n° 4, p. 27-31.

GUILBAULT, N. (1995). *Il était cent fois La Corriveau*, Québec, Nuit blanche.

HALE, D. et D. MENNETI (1995). « The Battered Woman Syndrome as Legal Defense : Status in the Courtroom » dans A. Merlo et J. Pollock (dir.), *Women, Law, and Social Control*, Toronto, Allyn and Bacon, p. 203-218.

HARDING, S. (1986). *The Science Question in Feminism*, Milton Keynes, Open University Press.

JONES, A. (1994). *Next Time, She'll Be Dead : Battering and How to Stop It*, Boston, Beacon Press.

KNELMAN, J. (1998). *Twisting in the Wind : The Murderess and the English Press*, Toronto, University of Toronto Press.

LAVIGNE, B., L. HOFFMAN et I. DICKIE (1997). « Les femmes qui ont commis des homicides », *Forum : Recherches sur l'actualité correctionnelle*, vol. 9, n° 2, p. 25-27.

LEBEL, A. (1981). *La Corriveau*, Montréal, Libre Expression.

LÉVESQUE, A. (1989). *La norme et les déviantes : Des femmes au Québec pendant l'entre-deux-guerres*, Montréal, Remue-ménage.

LOMBROSO, C. et G. FERRERO [1895] (1991). *La femme criminelle et la prostituée*, Grenoble, Jérôme Million.

MAURIAC, F. (1927). *Thérèse Desqueyroux*, Paris, Grasset.

MICHELAT, G. (1975). « Sur l'utilisation de l'entretien non directif en sociologie », *Revue française de sociologie*, vol. 16, p. 229-247.

MINISTÈRE DE LA JUSTICE DU CANADA (1998). *Réforme des moyens de défense visés par le Code criminel : Provocation, légitime défense et défense des biens*, Ottawa (document de consultation).

MINISTRE DE LA JUSTICE (1993). *Proposition de modification du Code criminel (principes généraux)*, Ottawa, Approvisionnements et Services.

MINISTRE DE LA JUSTICE (1994). *Pour une nouvelle codification de la partie générale du Code criminel du Canada, Options de réforme*, Ottawa, Approvisionnements et Services.

NOONAN, S. (1993). « Strategies of Survival : Moving Beyond the Battered Woman Syndrome » dans E. Adelberg et C. Currie (dir.), *In Conflict with the Law : Women and the Canadian Justice System*, Vancouver, Press Gang Publishers, p. 247- 270.

O'DONOVAN, K. (1991). « Defences for Battered Women Who Kill », *Journal of Law and Society*, vol. 18, p. 219-240.

POULIN, M. (2001). *Le droit à la légitime défense en situation de violence conjugale : un régime de tutelle pour les femmes*, Université Laval, Groupe de recherche multidisciplinaire féministe (GREMF).

Province of Nova Scotia. Royal Commission on the Donald Marshall, Jr., Prosecution (1989). *Commissioners' Report*, 7 volumes, Halifax.

Radford, J. et D. E. H. Russell (dir.) (1992). *Femicide : The Politics of Woman Killing*, New York, Twayne.

Ratushny, L. (1997). *Examen de la légitime défense. Rapport final soumis au ministère de la Justice et au Solliciteur général du Canada*, Ottawa.

Service correctionnel du Canada (1990). *La création de choix : Rapport du groupe d'étude sur les femmes purgeant une peine fédérale*, Ottawa, ministère des Approvisionnements et Services.

Silverman, R. et L. Kennedy (1993). *Deadly Deeds : Murder in Canada*, Scarborough, Nelson.

Shaw, M. (1995). *Comprendre la violence exercée par les femmes. Un examen de la documentation*, Ottawa, Service correctionnel du Canada.

Sheehy, E., J. Stubbs et J. Tomlie (1992). « Defending Battered Women on Trial : The Battered Woman Syndrome and Its Limitations », *Criminal Law Journal*, vol. 16, p. 369-394.

Sheehy, E. (1995). *À quoi ressemblerait le droit de la légitime défense pour les femmes*, Ottawa, Condition féminine Canada.

Sheehy, E. (2000). « Review of the Self-Defence Review », *Canadian Journal of Women and the Law/Revue femmes et droit*, vol. 12, p. 197-234.

Sheehy, E. (2001). « Battered Women and Mandatory Minimum Sentences », *Osgoode Hall Law Journal/Revue juridique d'Osgoode Hall*, vol. 39, p. 529-555.

Tomlie, J. et J. Stubbs (1994). « Battered Woman Syndrome in Australia : A Challenge to Gender Bias in Law ? » dans J. Stubbs (dir.), *Women, Male Violence and the Law*, Sydney, Institute of Criminology.

Viau, L. (1990). « L'arrêt Lavallee – Procès par jury et témoignage d'expert : une combinaison gagnante pour la femme battue », *Revue du Barreau canadien*, vol. 69, p. 775-783.

Viau, L. (1996). « L'égalité des sexes en droit criminel : un parcours sans fin ? », *Revue canadienne de droit pénal*, n° 1, p. 89-115.

Walker, L. (1979). *The Battered Women*, New York, Harper & Row.

Walker, L. (1984). *The Battered Woman Syndrome*, New York, Harper Colophon Books.

WILSON, M., M. DALY et C. WRIGHT (1993). « Uxoricide in Canada : Demographic Risk Patterns », *Canadian Journal of Criminology/ Revue canadienne de criminologie*, vol. 35, p. 263-291.

WILSON, M. et M. DALY (1996). « La violence contre l'épouse, un crime passionnel », *Criminologie*, vol. 29, n° 2, p. 49-72.

WOLFGANG, M. (1956). « Husband-Wife Homicides », *Journal of Social Therapy*, vol. 2, p. 263-271.

WOOLF, V. *Une chambre à soi*, Paris, Denoël, 1977.

Annexe 1

Procès pour maricide au Canada, 1866-1954

Année	Accusée	Âge	Province	Arme utilisée	Amant	Violence conjugale	Sentence
1866	S. Boisclair	38	Québec	poison	oui	non	Commuée (enceinte)
1871	P. Campbell	—	Ontario	hache	oui	oui	Pendaison
1873	E. Workman	—	Ontario	battu	oui	oui	Pendaison
1874	A. Poulin	49	Nouveau-Brunswick	poignard	oui	non	Commuée (enceinte)
1878	E. Ward	42	Nouveau-Brunswick	hache	oui	non	Commuée : 7 ans
1896	O. Sternaman	24	Ontario	poison	non	non	Acquittement
1897	C. Viau	28	Québec	poignard	oui	non	Pendaison
1911	A. Napolitano	28	Ontario	hache	oui	oui	Commuée (enceinte)
1915	E. Coward	32	Colombie-Britannique	arme à feu	non	oui	Commuée : 8 ans
1917	C. Marablito	43	Nouvelle-Écosse	égorgé	oui	non	Commuée
1918	G. Shulman	26	Saskatchewan	arme à feu	non	oui	Commuée : 12 ans
1920	S. Jackson	35	Alberta	arme à feu	oui	oui	Commuée : 14 ans
1922	I. Christensen	33	Alberta	arme à feu	non	oui	Commuée : 15 ans
1923	C. Tratch	38	Saskatchewan	poison	oui	non	Commuée : 14 ans
1925	E. Sprague	39	Québec	poison	oui	non	Acquittement
1929	M. Beaulne	42	Québec	poison	oui	non	Pendaison
1932	B. Chapdelaine	32	Québec	poison	oui	non	Acquittement
1934	D. Dranchuk	38	Alberta	hache	non	oui	Commuée

Année	Accusée	Âge	Province	Arme utilisée	Amant	Violence conjugale	Sentence
1934	T. Teolis	45	Québec	battu	non	non	Pendaison
1935	M. Cowan	27	Ontario	arme à feu	oui	non	Commuée
1935	M. Smith	39	Saskatchewan	arme à feu	non	oui	Acquittement (aliénation mentale)
1935	E. Tilford	50	Ontario	poison	non	non	Pendaison
1936	C. Pogmore	38	Alberta	arme à feu	oui	non	Commuée : 17 ans
1937	M.-L. Cloutier	39	Québec	poison	oui	non	Pendaison
1940	F. Harrop	47	Manitoba	arme à feu	non	oui	Acquittement
1946	E. McLean	50	Manitoba	poignard	non	oui	Commuée : 7 ans
1946	E. Dick	25	Ontario	arme à feu/hache	oui	non	Acquittement
1954	L. Thibodeau	26	Nouveau-Brunswick	arme à feu	oui	oui	Commuée

Annexe 2

Femmes accusées de maricide au Canada, 1866-1954

Marie Beaulne (1929[1]), âgée de 42 ans, est accusée d'avoir empoisonné son mari, Zéphir Viau, avec la complicité de son amant, Philibert Lefebvre, à Montpellier (Québec). Son procès a lieu les 11 et 12 juin 1929. Les deux accusés seront pendus à la prison de Hull.

Sophie Boisclair (1866), âgée de 38 ans, est accusée d'avoir empoisonné son époux avec la complicité de son amant, à Saint-Zéphirin (Québec). Son procès a lieu du 22 mars au 6 avril 1867 à Sorel. Condamnée à mort, sa sentence est finalement commuée parce qu'elle était enceinte au moment du procès. Son amant sera pour sa part exécuté.

Phoebe Campbell (1871), avec la complicité de Thomas Coyle, aurait tué son mari George Campbell à coups de hache, à London (Ontario). Son procès a lieu en 1872. Elle plaide non coupable. Elle soutient fermement que son mari a été volé et tué par deux hommes de race noire. Plus tard, elle se rétracte et affirme plutôt que c'est un dénommé John McWain qui l'aurait tué. Elle est reconnue coupable de meurtre au premier degré (homicide volontaire) et est condamnée à la peine de mort.

1. Année du meurtre.

Cependant, avant son exécution, elle confesse avoir tué son mari avec l'aide de son amant, Thomas Coyle, après plusieurs années de violence physique et émotionnelle que lui aurait fait subir son mari. Il n'y a pas d'avis favorable à la clémence et elle est pendue le 20 juin 1872.

Béatrice Chapdelaine (1932), âgée de 32 ans, est accusée d'avoir empoisonné son mari, Ludger Chapdelaine, avec la complicité de son amant, à Sherbrooke (Québec). Reconnue coupable et condamnée à mort, elle sera finalement acquittée à son troisième procès.

Irene May Christensen (1922), âgée de 33 ans, aurait abattu son mari, Frederick Christensen, à l'aide d'une arme à feu à Dapp (Alberta). Son procès a lieu du 15 au 22 janvier 1923. Elle plaide non coupable, invoquant la légitime défense et la provocation à cause des mauvais traitements que lui faisait subir son mari. De plus, les membres de la communauté soupçonnent M. Christensen d'être responsable de la mort de sa première femme et, la journée de l'incident, il aurait menacé de mort Irene May. Elle est toutefois reconnue coupable de meurtre au premier degré et condamnée à la peine de mort. La date de son exécution est fixée au 4 avril 1924. On lui accorde cependant un nouveau procès et l'accusation est réduite à meurtre au second degré (homicide involontaire). Elle est condamnée à 15 ans d'emprisonnement.

Marie-Louise Cloutier (1937), 39 ans, est accusée d'avoir empoisonné son mari, Vilmont Brochu, avec la complicité de son amant, Achille Grondin, à Saint-Méthode (Québec). On les soupçonne du meurtre parce qu'ils se sont mariés deux mois après le décès de Brochu. Ils seront exécutés à Montréal en 1940.

Mary Cowan (1935), âgée de 27 ans, aurait persuadé son beau-frère Allan Cowan (qu'on dit être son amant) d'abattre son mari, Albert Cowan, avec une arme à feu à Barry's Bay (Ontario). Son procès a lieu du 9 au 12 décembre 1935. Elle plaide non coupable et rejette tout le blâme sur Allan Cowan. Selon les témoignages d'experts, Mary Cowan accuse un certain retard mental (on évalue son âge mental à 10 ans) et, par conséquent, elle n'est pas responsable de ses actes. Elle est toutefois reconnue coupable de meurtre au premier degré et condamnée à la peine de mort, avec un avis favorable à la clémence émis par le juge et non par le jury. Son exécution est fixée au 27 février 1936. Par suite d'un décret du 24 février 1936, sa peine est commuée en emprisonnement à vie. Elle sort de prison le 18 mars 1950, après avoir purgé 17 années de sa sentence.

Elizabeth Coward (1915), âgée de 32 ans, résidant près de Fort St. James (Colombie-Britannique) aurait abattu son mari, James Coward, avec une arme à feu. Lors de son procès qui a lieu les 6 et 7 octobre 1915, elle plaide non coupable et soutient que son mari s'est suicidé à cause de sa situation financière précaire. Elle est reconnue coupable de meurtre au premier degré et elle est condamnée à la peine de mort, avec avis favorable à la clémence. La date de son exécution est fixée au 23 décembre 1915, mais la peine est commuée en emprisonnement à perpétuité. Elle est relâchée de prison le 2 janvier 1923 à cause de sa santé fragile.

Evelyn Dick (1946), âgée de 25 ans, est soupçonnée d'avoir abattu son mari, John Dick, à Hamilton (Ontario). Son procès a lieu du 7 au 16 octobre 1946. Elle plaide non coupable et accuse Bill Bohozuk d'avoir tué son mari suite à la demande de son père en échange d'une somme d'argent. Elle est reconnue coupable de meurtre au premier degré et est condamnée à la peine de mort, avec avis favorable à la clémence. Son exécution est fixée au 7 janvier 1947. Il n'y a pas de décret de commutation de peine mais on lui accorde un nouveau procès, où elle sera acquittée. Elle subira par la suite un autre procès, lié à la mort de son bébé.

Dina Dranchuk (1934), âgée de 38 ans, aurait frappé et tué à coups de hache, son mari, Mike Dranchuk, à Flat Lake (Alberta). Son procès a lieu les 24 et 25 septembre 1934. Elle plaide non coupable, invoquant l'aliénation mentale, soit « une impulsion temporaire déclenchée par la brutalité de son mari ». Elle est reconnue coupable de meurtre au premier degré et est condamnée à la peine de mort, avec avis favorable à la clémence. Son exécution est fixée au 12 décembre 1934, puis reportée au 31 décembre 1934. Le 11 décembre 1934, sa peine est commuée en emprisonnement à perpétuité.

Frances Harrop (1940), âgée de 47 ans, aurait abattu son mari, George Harrop, avec une arme à feu, à Winnipeg (Manitoba). Lors de son procès, les 7 et 8 mai 1940, elle plaide non coupable et affirme que si elle n'avait pas tué son mari, celui-ci l'aurait tuée. Elle est reconnue coupable de meurtre au premier degré (homicide volontaire) et est condamnée à la peine de mort, avec avis favorable à la clémence. Son exécution est fixée au 26 juillet 1947. On lui accorde un nouveau procès et elle est acquittée. On ne connaît pas les raisons qui ont motivé cet acquittement.

Sarah Jackson (1920), âgée de 35 ans, aurait abattu son mari, Hugh Jackson, avec une arme à feu à Swan Lake (Alberta). Son amant, un Indien nommé Zerme Courtereille, est accusé de complicité après le fait pour l'avoir aidée à disposer du corps. Lors du procès qui a lieu les 28 et 29 septembre 1920, elle plaide non coupable, utilisant la défense d'aliénation mentale ainsi que la légitime défense en réaction aux menaces de mort qu'aurait proférées son mari, les visant, elle et leurs enfants. Elle est reconnue coupable de meurtre au premier degré et est condamnée à la peine de mort, avec un avis favorable à la clémence. Sa peine est commuée en emprisonnement à perpétuité. Le 19 février 1934, elle reçoit une permission spéciale afin de subir des traitements pour son cancer. Elle doit retourner en prison après le traitement, même si ses chances de guérison sont minces. Elle est toutefois relâchée le 18 mai 1934 et meurt à l'hôpital le 26 décembre 1935.

Carmello Sofie Marablito (1917), âgée de 43 ans et habitant Evansville (Nouvelle-Écosse) aurait incité son jeune amant de 22 ans, Natali Neri, à égorger son mari, Pietro Marablito. Lors de son procès le 26 octobre 1917, elle plaide non coupable aux accusations retenues contre elle. Elle est reconnue coupable de meurtre au premier degré et est condamnée à la peine de mort, avec un avis favorable à la clémence. Elle meurt, de cause naturelle, en prison avant la date de l'exécution fixée au 15 janvier 1918. Après sa mort, un appel de commutation de peine en emprisonnement à perpétuité est demandé pour son présumé amant, Natali Neri. On invoque comme argument qu'il aurait été manipulé par Carmello Sofie Marablito pour commettre le meurtre. Malgré ces efforts soutenus, il est exécuté le 5 janvier 1918.

Elizabeth Maud McLean (1946), âgée de 50 ans, aurait poignardé son concubin, Claude Frederick Salisbury à Winnipeg (Manitoba). Son procès a lieu du 16 au 19 octobre 1946. Elle plaide non coupable en invoquant la légitime défense, la provocation et l'intoxication. Elle est reconnue coupable de meurtre au premier degré (homicide volontaire) et est condamnée à la peine de mort. Son exécution est fixée au 3 janvier 1947. Il n'y a pas de décret de commutation de peine, mais, le 31 octobre 1946, l'accusation est réduite à l'homicide involontaire et elle est condamnée à 7 ans d'emprisonnement.

Angelina Napolitano (1911), 28 ans, est accusée d'avoir tué son mari, Pietro Napolitano, à coups de hache tandis qu'il dormait, à Sault-Sainte-Marie (Ontario). Son procès a lieu les 8 et 9 mai 1911. Elle plaide non coupable, invoquant pour sa défense la provocation et le fait que son mari l'obligeait à se prostituer. Elle est reconnue coupable de meurtre au premier degré et elle est condamnée à la peine de mort, avec un avis favorable à la clémence. Elle est enceinte au moment du procès et la date de son exécution est fixée au 9 août 1911, après l'accouchement. Sa peine est commuée le 15 juillet 1911 en emprisonnement à perpétuité. Elle sera relâchée en 1923 après avoir purgé 12 années de sa sentence. Elle a 40 ans à sa sortie de prison et demeurera en liberté conditionnelle jusqu'à la 20e année de sa sentence.

Christine Maud Pogmore (1936), 38 ans, aurait persuadé son amant, Emmanuel Ernst, d'abattre son mari, George Pogmore, avec une arme à feu près de Byemore (Alberta). Lors de son procès qui a lieu du 15 au 17 décembre 1936, elle plaide non coupable et affirme que c'est Emmanuel Ernst qui a tué son mari par jalousie. Elle est reconnue coupable de meurtre au premier degré et elle est condamnée à la peine de mort, avec avis favorable à la clémence. Son exécution est fixée au 3 mars 1937, mais, par suite d'un décret le 26 février 1937, sa peine est commuée en emprisonnement à vie. Elle est libérée le 18 mars 1950 après avoir purgé 17 années de sa sentence.

Angèle Poulin (1874), âgée de 49 ans, est accusée du meurtre de son mari à Caraquet (Nouveau-Brunswick). Elle a un amant. Elle est enceinte au moment du procès qui a lieu le 5 septembre 1874. Trouvée coupable, sa peine est commuée en emprisonnement à perpétuité au pénitencier de Saint-Jean.

Grapena Shulman (1918), âgée de 26 ans, est accusée d'avoir tué son mari avec une arme à feu dans le Canton 24 de la Saskatchewan. Elle a fait une fausse couche deux jours avant le meurtre, et cet incident sera invoqué pour réduire sa sentence, dans plusieurs pétitions, de même que le fait que son mari était violent à son égard et avait des maîtresses. Elle évitera l'exécution, mais sera incarcérée pendant 12 ans.

Mary Smith (1935), âgée de 39 ans, abat avec une arme à feu son mari à Duck Lake (Saskatchewan). Lors d'un nouveau procès, elle est acquittée pour cause d'aliénation mentale.

Emily Sprague (1925), âgée de 39 ans, est accusée d'avoir empoisonné son mari, Abraham Gallop, avec la complicité de son amant, Walter Simpson, à l'Île Maligne (Québec). Son procès a lieu le 19 juin 1925 à Roberval. Reconnue coupable et condamnée à mort, elle sera acquittée à son quatrième procès.

Olive Adèle Sternaman (1896), âgée de 24 ans, aurait empoisonné son mari, George Sternaman en Ontario. Lors de son procès qui a lieu les 17 et 18 novembre 1897, Olive Adèle Sternaman plaide non coupable et nie toute accusation pesant contre elle. Elle est reconnue coupable de meurtre au premier degré et est condamnée à la peine de mort avec un avis favorable à la clémence. Le motif du crime aurait été l'argent. L'avocat d'Olive Adèle Sternaman, plutôt que de demander une commutation de la peine, exige un nouveau procès en vertu de l'article 748 du Code criminel. Au terme de ce nouveau procès, le 19 janvier 1898, elle est acquittée.

Tommasina Teolis (1934), âgée de 45 ans, est accusée, puis reconnue coupable d'être l'âme dirigeante d'une conspiration destinée à assassiner son mari à Montréal. Elle et ses complices seront exécutés.

Lina Thibodeau (1954), âgée de 26 ans, est accusée d'avoir abattu son mari, Joseph Claude Thibodeau, avec une arme à feu, dans le Canton de Madawaska (Nouveau-Brunswick). Leur histoire conjugale est ponctuée de violence. On croit qu'elle a voulu éliminer son mari pour vivre avec son amant. Elle est trouvée coupable le 23 avril 1955, et condamnée à la peine de mort. Sa sentence est commuée en peine d'emprisonnement.

Elizabeth Ann Tilford (1935), âgée de 50 ans, aurait empoisonné son mari, Tyrell Tilford à Woodstock (Ontario) afin de réclamer la pension de veuve. Lors de son procès, qui a lieu du 24 septembre au 2 octobre 1935, elle plaide non coupable et clame son innocence. Elle est reconnue coupable de meurtre au premier degré (homicide volontaire) et est condamnée à la peine de mort sans avis favorable à la clémence. Son exécution est fixée au 17 décembre 1935 et elle est pendue à la date prévue.

Catherine Tratch (1923), âgée de 38 ans et habitant à Fish Creek (Saskatchewan), aurait empoisonné son mari, Yakin Tratch, avec la complicité de son amant, Theodore Oleskiw. Elle est reconnue coupable de meurtre au premier degré (homicide volontaire) et elle est condamnée à la peine de mort, sans avis favorable à la clémence. Theodore Oleskiw est acquitté. La date d'exécution de Catherine Tratch est fixée au 20 mai 1924. Un décret du 18 mai 1924 commue sa peine en emprisonnement à vie. Elle sera relâchée le 21 juin 1938 à cause de problèmes de santé et par suite des pressions de la communauté.

Cordélia Viau (1897), âgée de 28 ans, est accusée d'avoir poignardé son mari avec la complicité de son amant, Samuel Parslow. Le procès a eu lieu du 5 au 15 décembre 1898. Après le verdict de culpabilité, aucun avis favorable à la clémence ne sera présenté. Les deux prévenus seront exécutés en 1899 à la prison de Sainte-Scholastique.

Eliza Ward (1878), âgée de 42 ans, aurait tué son mari, Thomas Edward Ward, avec l'aide de Thomas Dowd qu'on soupçonne être son amant, à Sepray (Nouveau-Brunswick). On dit de Thomas Ward qu'il aurait développé une jalousie maladive envers Dowd, un employé des Ward depuis un certain temps. Le procès d'Eliza Ward et de Thomas Dowd a lieu le 15 novembre 1878. Ils n'ont pas d'avocat et se représentent seuls. Eliza Ward plaide non coupable et nie toute implication dans l'affaire. Les deux prévenus sont cependant reconnus coupables de meurtre au premier degré, avec avis favorable à la clémence. Par suite d'un décret le 2 janvier 1879, la sentence d'Eliza Ward est commuée en 7 ans d'emprisonnement. Dowd rédige une confession avant d'être exécuté, avouant sa culpabilité et soutenant l'innocence d'Eliza Ward. Le verdict de culpabilité à l'endroit de Ward est par la suite renversé pour manque de preuves et elle est relâchée le 3 mars 1879.

Elizabeth Workman (1873) est accusée d'avoir battu à mort son mari, James Workman, avec l'aide de Samuel Butler (un homme de race noire qu'on dit être son amant) à Sarnia (Ontario). Son procès a lieu les 21 et 22 mars 1873. Elle plaide non coupable, affirmant avoir été provoquée par la violence qu'il a toujours exercée contre elle. Elle est reconnue coupable de meurtre au premier degré (homicide volontaire), avec un avis favorable à la clémence. De son côté, Butler est acquitté parce qu'on ne peut prouver son intention de commettre l'acte. L'exécution d'Elizabeth Workman est fixée au 19 juin 1873. Une demande de commutation de peine est placée, en vain, le 23 mai 1873. Elizabeth Workman est pendue à la date prévue.

MIXTE
Papier issu de sources responsables
FSC® C100212
FSC
www.fsc.org

Achevé d'imprimer
en janvier deux mille quatorze, sur les presses
de l'imprimerie Gauvin, Gatineau, Québec